買えない味2
はっとする味

平松洋子

筑摩書房

もくじ

はっとする味

パセリ —— 「つけ合わせ」以上の美学 14

魚の骨 —— ゼラチン質をまとう 18

ドライフルーツ —— 失って得るものがある 22

タジン —— 砂漠の国の知恵のたまもの 26

骨つき —— 肉でも皮でも筋でもなく 30

ミント —— たちまち気分転換 33

スムージー —— 初夏になると恋しくなる 37

卵 —— みょうに不可解 41

胡椒 —— 香辛料界の帝王 45

油揚げ —— 贔屓が過ぎるでしょうか 49

餅 —— せっせと世話を焼く 52

鰻にでもする？

鰻 —— 鰻にでもする？ 58

酒 —— 極彩色の夢を見る 62

旅 —— 日常に潜む残り香 82

菓子折り ── ものであって、ものでない 85

おすそわけ ── ふだんづきあいの間合い 89

マスター ── 型というものがある 93

ホットケーキ ── 夢よいつまでも 97

甘いもの ── 活力の灯り 101

鼻 ── 呆れるほどに貪欲 104

氷 ── わたしにとっての贅沢とは 107

カップ酒 ── わが人生の友 110

残りもの ── 今日を明日につなげる 113

献立 ── 食べものの羅列ではない 117

なくてはだめなのだ、もう

精米 —— 米にも鮮度はある 122

たわし —— 調理道具にもなる 126

輪ゴム —— 一寸の虫にも五分の魂 129

かまぼこ板 —— ミニサイズのまな板に 133

トースト —— 専用の焼き網を使う 136

だしパック —— 思い切って手を抜く 140

うちわ —— 手早く熱を取る 143

串 —— 脱力系の仕掛け人 162

焙烙 ── 火との距離をつくる　165

おろし金 ── セラミック製だけど　169

ワックスペーパー ── 台所に常備すべし！　172

中華包丁 ── 重みで勝つ　175

アルミホイル ── 苦手、だけでは済まない　179

中華鍋 ── 丸みと深さに秘密あり　182

日常のすきま

小鉢 ── 手間を少しだけ盛りこむ　186

ガラス ── 使い終わりに山場あり　189

ビニール袋 —— 空気を出して、口を縛る　192

強火弱火 —— 水分をどう残すか　195

急須 —— 理想の形を探す　198

うつわのふた —— りっぱな役割がある　201

お重 —— フードコンテナーの殿様　204

冷蔵庫 —— スローガンは「スカスカ」　207

ごみ —— 可燃と不燃のはざま　210

新聞紙 —— そそくさとは捨てられない　213

食器の数 —— 敵はわがこころのなかにあり　216

日常の贅沢について 219

解説　勝手に弟子入り!?——室井滋 223

写真　日置武晴

アートディレクション　有山達也

デザイン　中島美佳（アリヤマデザインストア）

買えない味2

はっとする味

はっとする味

パセリ ──「つけ合わせ」以上の美学

ぶらりと食堂に入る。定食が食べたくなって、メンチカツかコロッケかさんざん迷ったあげく、急遽浮上したあじフライで手を打つ。さあ、白い皿のうえにあじフライ、キャベツのせん切り、トマトのくし形切り、ケチャップで炒めたスパゲッティ。脇にひょっこり、画竜点睛の深緑いろ。

パセリである。

お飾りなのは見え見えなのに、圧倒的な存在感である。皿のうえの風景がぎゅっと引き締まっている。先頭を切ってキャベツとトマトとスパゲッティを率いているのだ。試しにパセリをつまんで、いったん退場させてみると、とたんに皿のなかの核心がぼやけて拡散する。

皿のなかに力学を与える。いってみれば、これがパセリの美学である。「つけ合わせ」以上、ぱちっと一点、鮮やかな焦点を生み出す。

ところがそれは、同時に疑惑の焦点でもある。赤いスパゲッティの隣、深緑のもしゃもしゃをじいっと見つめ、問うてみる。あのう。あなたはいつ、どこからいらっしゃったのですか。ついいましがた冷蔵庫から出てきたの。それとも、どこぞのお皿からお戻りでしょうか。いえ、けっして腹なんか立てたりしません。真実がわかりさえすれば、それでもう。

「……」

しかしパセリは微動だにせず押し黙っているから埒が明かず、疑惑は深まるいっぽうだ。

もはやこれまで。身の潔白は証明されないまま時間切れ、もしゃもしゃは疑惑と逡巡のカタマリと化して哀れ、皿のうえにぽつんと置き去り。

とはいいながら、パセリを蹂躙してしまった自責の念はボディブロウのように効いてくる。人の道として間違いだろう、疑惑だの逡巡だのと格好をつけず黙ってぜんぶ食べろ。自分で自分を叱り飛ばしそうなだれ、その反動だろうか、ときおり狂ったように大量のパセリを嚙みしめたくなる。

片手に余るほどの刻みパセリ入りオムレツ。パセリまみれのサラダ。ほとんど緑いろのピラフ。パセリだけの天ぷら……その味わいの豊かさ尊さこそ、パセリの本分である。

きっと、ちまちま食べるからいけないのです。歯と歯のあいだで正体なくきしきし軋むひょろりと情けないひとつまみ、あれはだめ。うっかりアルミ箔を嚙んだ瞬間にも似て、ぎゃくに歯の根が浮き足立つ。味がないとか苦いだけとか、はたまた出戻りではなどと見誤ってしまう。パセリは断固「つけ合わせ」の位置に甘んじているような輩ではない。

みっしり、ぎゅうと嚙む。思い切ってどっさり嚙みしめてみる。すると、苦い暗闇の向こうからじわじわ、そのちいっせいに歓喜の光が輝き弾け、苦みはおびただしいまみに転生する。肉厚で、がしりと骨格たくましく、したたかに味蕾を捉えて含みがふかい。しょっぱさ、甘み、えぐみ、ほろ苦さ……みずみずしい深緑を頬張り嚙みしだくうち、まるで滝に打たれたかのように味覚のすみずみが照らされ、丹念に掘り起こされる。それほどの剛の者だから、皿の脇にちょこなんと座らされても、鮮やかな焦点を結んでみせるのは朝飯まえの芸当なのだ。

食べてごらん、驚くよと農家のおじさんに背中を押され、畑のパセリを手折ってもしゃもしゃの頭に喰らいついたことがある。むしゃむしゃ、しゃくしゃく、青空のもとで蓋から耳へ小気味よく抜ける音を聴きながら思った。きみはあんがい陽気な奴なんだな。勝手に垣根をこしらえていたのは、こっちだった。

酸いも甘いも嚙み分けたおとなであればあるほど、パセリの本懐を真正面からひるむ

ことなく受け止める。だってちゃんと知っているのだもの。苦さの果ての、そのつぎのよろこびを。

魚の骨
ゼラチン質をまとう

ちゅっ、ちゅうちゅう。不意に音が立つ。すこし興奮する。

相手は魚の骨である。

くちびるのあいだでぶしつけに鳴る音に、動悸が起る。なにしろふだんは蜘蛛の糸のように細心の注意を張りめぐらせているのだもの。やれ、こぼさないように、やれ、汚さないように、散らかさないように、落とさないように、音がしないように。

けれども魚の骨が相手では、そうはいかない。たとえば甘鯛。骨のまわりに複雑にねっとりからみつくゼラチン質のうまみこそ、甘鯛の真骨頂だ。だからこちらも、本能のおもむくままにしゃぶりつきたい衝動に駆られる。最初は箸を使っていても、あらかた身を食べ尽くせば、もうまどろっこしい。

（シツレイします）

誰に断る必要もないのに、いちおう胸のうちで失敬したら、それゆけ。

指で骨をつまみ上げ、舌さきに神経を集め、我を忘れて太い骨、小骨の脇、あいだ。裏がわ。でこぼこ。継ぎめ。根もと。一心不乱に集中する。琥珀色の一本一本、ひとかけらひとかけら、ちゅっ、ちゅう。ときおり空気を裂く鋭い音もうれし恥ずかしく、口をきくのも忘れて没入してゆく。

アラ煮。かぶと煮。またはアラ汁。潮汁。骨酒。どれもこれも、魚の骨あればこそ。かつおだしや昆布だしでは敵かなわない。骨のだしがくわわれば、そこに現れるのはドスのきいた野生のうまみだ。

または、鯛や秋刀魚、鯵、かますの炊きこみごはん。魚を入れて炊くと臭みが出ると怖じ気づく向きもあるけれど、なに、ちっとも心配はいらない。たったひと手間かければよいだけのこと。

魚はあらかじめ焼いてから。つまり、骨にしっかり火を通してから。すると、ご心配の魚臭さが消え、かわりに香ばしさが参入する。いざ炊き上がったら骨だけするりと取りだし、こんどはあらかじめ焼いてほぐしておいた身をさっくり混ぜこむ。すると、どこにもすがたはないのに、米ひとつぶずつ、骨のだしが濃く、深く、滲み出ている——。

ところで、当然ながら魚の骨にはそれじたいの味がある。煮干しをぽりぽり食べてみれば、よくわかる。かさりと乾ききって空気のように軽いのに、嚙みしめるたび骨の芯あたりから、ぐーっと、しぶとい味が噴きだす。苦いよう

に思われて、ほの甘い。塩っぽいのに複雑。えぐいはずなのに、ふくよかだ。だから、ついあとを引く。

シブイなあ、煮干しは。あれほど乾いているのに、そのじつ嚙んでみれば味は妙に生々しい。すっかり枯れたと見せかけて、ほんとうは激しいのだ。これが骨の正体というものだろうか。干涸びていっさいの婆婆っ気と縁を切ったはずなのに、骨はいぜん生きている。

じつは、わたしはどじょう鍋を食べるたび、骨の味わいというものに思いを馳せる。どじょう鍋は「丸」か「抜き」か。好みの分かれるところだが、どじょうの醍醐味は、骨を抜かずにそのまま煮る「丸」に尽きると思っている。甘辛いだしでくつくつ煮て、刻んだねぎを盛り上げ、煮えばなを舌にのせると……。ぷちり。

嚙むなり、歯と歯のあいだでかすかにきしむ骨。嚙みしだけば、かぼそい骨が消え入りそうな、しかし確かな音を立てて口蓋に響く。そうして、やわらかな身としなやかな骨が、だんだん混じり合ってひとつになる。はっと息をのむ。骨の音は、まるごというちを食べる音なのだ。

切り身ばかり食べていては、魚のほんとうには出逢えない。まさに骨抜き、骨の失われたやわな切り身からは、すでに魚の真味は消えている。

さあ、ここであの昭和の名歌謡を、いまこそすべての魚たちからあなたへ。魅惑の低音、城卓矢が熱唱します。
♪「骨まで愛して」

ドライフルーツ
失って得るものがある

 チューインガムを噛むのが苦手だ。はじめは悪くないのだが、しだいに腑抜けになってゆくところが。歯ごたえも噛みごたえも、最初はそれなりの味もあったのに、着実にへなへなの一途を辿る。いくら長持ちしても、けっきょくは残骸が身の置きどころのないまま居座る感じがどうしても情けない。
 ところが、噛むほどにぐんぐん底ぢからを発揮する伏兵がいる。ドライフルーツである。
 ドライフルーツはすごい。レーズン数つぶ、口のなかにぽんと放りこんでごらんなさい。立ちどころにわしわし、がしがし、こちらが真剣に噛んで味わう態勢に入らなければ敵うものではない。がっぷり四つに組んでかからなければ相手にしてもらえない。そんな悠然とした風情である。
 なぜかな。

それは、あらかじめほとんどの水分を失っているからではないだろうか。フルーツにはたいてい七、八割の水分が含まれているが、そしてそのみずみずしさこそフルーツの命なのだが、ドライフルーツときたら肝心の水分があらかじめほとんどない。ようするにかつての若さも新鮮さもない、媚びもへつらいも失せ果て、もはや完璧な諦念の世界。

だから、堂々としているのです。ドライフルーツは。水分も減り、そのぶん嵩(かさ)も減り、とうぜん重さもぐっと減る。だから繊維がたっぷり。カルシウム、カリウム、マグネシウム、鉄、亜鉛、銅⋯⋯ミネラル分はフレッシュなときよりずっと多い。乾いているからよく噛むことになり、歯にも脳にも(たぶん)いい。

ぎゃくに、ドライフルーツが苦手だというひとは、こういう意味ありげな性格が鬱陶しいんだよねということになる。

さて、ドライフルーツのおいしさに開眼したきっかけは、北京の家庭を訪れた夕方だった。

「まあまあ遠路はるばるようこそ」

応接間に誘われ、老婦人がいそいそお茶と漆の菓子箱を運んできてくれた。

「なにもないけれど、遠慮なくつまんでちょうだい」

福々しい指で蓋が開けられると、桃、なつめ、くこ、さんざし、キウイ、りんご⋯⋯

色とりどりのドライフルーツがぎっしり並んでいた。ひと目見て乾きかたが絶妙だとわかった。かちかちに乾燥させただけのハンパものとはまるで違う。きちんと残された水気を感じるといえばよいだろうか。気がついたらぐいと膝を乗り出し、ひとつずつ熱心に味わいにかかっていた。

以来、ドライフルーツに目覚めた。ブルーベリーが視力回復に効く（らしい）と聞けば買いに走り、鉄分補給によいと聞けば良質の乾燥プルーン探しに精出す。いっときは、乾いてなお酸味のきりっと際立つアプリコットに夢中になった。へにゃりと扁平な楕円を噛むと、強靭な繊維の束が歯を押し返して、たじろぐ。うつくしい柑子色なのに、その枯れたしぶとさがたまらない。

だから、やみくもに攻略したくなる。なに、たいした話ではない。ただ酒があればいい。好みのドライフルーツにスパイスを数種類合わせて保存瓶に入れ、そこへ酒をどぼどぼ注ぐ。ラム、ブランデー、またはワインのときなら少し小鍋で煮ると馴染む。寝かせて熟成させておくだけで手間いらず。まあ見てらっしゃい。密かにほくそ笑んで陶酔に浸る。

深夜、ふと思い立って漬け汁をこっそりすくい出し、ひと匙舐めてみる。ねっとり、とろんと絡め取られる。

（ああやっぱり！）

ドライフルーツが密かに隠し持っていた過剰な濃密さに腰くだけ。

タジン

砂漠の国の知恵のたまもの

コブラ遣い。大道芸人。絨毯売り。音楽屋。軽業師。水売り。朗読屋。ベルベル人のヘンナ描き。オレンジ搾り屋。金細工売り。マラケシュのジャマエルフナ広場にはアラビアンナイトの絵巻がそのまま、息詰まる混沌と濃密な色彩をともなって視界いっぱいに広がっていた。

その夕暮れどきは、広場を抜けた路地から城壁に囲まれた旧市街地、スークへ入った。蜘蛛の巣のように縦横に走る迷路を巡っていると、いつのまにか方向感覚を失くす。気を抜くと迷子になり、あげく城壁のなかに幽閉されてしまう。

ふたたび絵巻の世界が目前にあらわれる。香草屋。菓子屋。羊肉屋。花屋。薬屋。乾燥果実屋。洋服屋。真鍮細工屋。石鹸屋。木工雑貨屋。煙草屋。スークの路地の両側にぎっしりと軒を並べており、そこをむりやりロバが通る。

なんの気なしにのぞいた絨毯屋で足止めを喰らい、歯が溶けるほど甘いミントティを

際限なく注がれながら「気に入ったか」「これならどうだ」、延々十数枚披露されたのち、ようよう解放してもらって外に出て歩きはじめたら、路地の角で奇妙な風景に出合った。六個の七輪のうえ、ずらり横並びになって湯気をたてている茶色のとんがり帽子が六つ。

（あれはなんだろう）

訝しみながら近づく。すると、スークを吹き抜ける夕風に煽られた暴力的なまでに芳しいスパイスの香り！　クミンやコリアンダーの香りに混じっているのは羊肉の濃厚な芳香だ。

「ふたを開けてみせてやろうか？」

ジュラバすがたの髭づらのおじさんが聞いてくる。はい、おねがいします。おじさんが手品のような手つきでとんがり帽子を持ち上げると、そこにはとろりと煮えて角がほろほろに崩れかけた羊肉ととりどりの野菜がからみ合い、熱い湯気を立てていた。

それがタジンとの出合いである。モロッコに旅をしているあいだ、数えきれないほどタジンの料理を食べた。飽きるほど食べた。中身は肉や野菜の組み合わせしだい。あるレストランではらくだの肉のタジン、家庭ではなすやズッキーニ、玉ねぎ、じゃがいも、グリーンピース……野菜がどっさり入っていた。地厚な陶器をそのまま炭火にかけ、じっくり待つ。

すると、ゆっくりと素材が蒸され、とんがり帽子の内部に湯気が溜まって水蒸気となり、ふたたびとんがり帽子のカーヴをつたって滴り落ちる。密閉された三角の空間のうちがわでみごとな循環がなされるのだ。野菜の水分や肉汁と混じり合うから、あらたな水は必要ない。あらわれるのは野菜の、肉の、凝縮されたうまみ。砂漠の国の知恵のたまものである。

旅のおわりの日、何度となく通ったスークにまた足を向けた。もうタジンなしでは帰れない。どこかの店で買いこみ、日本まで抱えて帰ろうとこころに決めていた。手にずしんと陶器の安定感があって、こっくりとふかい濃茶の肌合いを選んだ。執着した道具を空港で預けてしまうのが心配で、わたしは新聞紙にくるんだタジンを両手に抱えて飛行機に乗りこみ、後生大事にじぶんの足もとに置いて日本へ運んだのだった。素材とスパイスさえあれば、あとはタジンまかせ。勝手に料理を進めてくれ、モロッコの味が食卓に出現する。使いこんだ鍋肌にはスパイスや焦げが浸み、風情も高まってきたから、よけいうれしい。

クスクスにかけて味わうたび、ジャマエルフナ広場を跳ねてゆく軽業師や、モスクの鐘の音や、コーランの響きが、つぎつぎによみがえる。あの夏は、暑いラマダンの月だった。イスラム教徒は断食月ラマダンに入ると、まいにち陽が昇ってから沈むまでいっさいの食べものを口にしない。水一滴さえも。夕陽があとすこしで沈むころになると、

張りつめていた緊張がふっと緩む。そうしたらきょうの禁忌がぶじに解ける、一日待ちかねたあのよろこびが、夕暮れどき炭火にかかったタジンの芳香からたしかに洩れていた。

骨つき
肉でも皮でも筋でもなく

骨つきカルビにはべつの名前がある。それを知ったのは、ソウルで焼き肉に齧りついているときだった。

まっ赤に熾った炭の上で、おおきな骨をくっつけた肉が布団のように横たわっている。こんな光景を目にしたのは初めてだった。端に骨がくっついており、そこから焼き網の面いっぱいに肉が細長く延べ広げられている。

じゅうじゅう。肉の脂が火のうえに滴って粟つぶが細かく弾けるような音がひっきりなしに上がる。ときおり煙や匂いが爆ぜて立ち昇る。はっと気づくと、自分の鼻がおおきくふくらんでいる。

肉ぜんたいがぷっくりふくれ焼け、ところどころに香ばしい焦げもできたころ、大胆にはさみを入れる。左手でトングを持ち上げて骨ごとわしづかみ、下に垂れた肉がはさみで端から切り分けられ、皿に配られる。おしまいに、肉が離れていったあとの骨のぶ

ぶんも置かれる。骨が、皿に当たってこつんと硬質な音を響かせる。矢も楯もたまらず肉に喰らいついていたら、途中で教えられた。
「ほら、骨のところもこんなにおいしい。見てなさい、こんなふうにして。焼き網の向こう側で、彼女は骨の両側を持ち、指でしっかりと横一文字に固定した。そして、やおら白い歯を見せ、がしっと骨に嚙りつく。上の歯と下の歯をきっちり堅く合わせて骨にわずかにへばりついている肉片を捉え、両手で握った骨を回すようにしながら肉を剝ぎ取る。すると、気持ちよいほどするりと骨から肉がはずれたのだった。
「ここが、とくにおいしいの」
感心して口もとを見つめていると、彼女は続けたのだ。
「ハーモニカっていうの、骨つきカルビのこと。こうやって食べてるとハーモニカを吹いてる様子にそっくりでしょ」
ハーモニカと言われれば、骨にむしゃぶりつく多少の気恥ずかしさや行儀の悪さもたちまち雲散霧消して、目の前の香ばしい骨にひたすら没頭できるのだった。
骨にへばりついた肉、あのおいしさは比類がない。肉ともつかない、皮でも筋でもない、けれども味覚に訴える確かな強度と粘度。歯で引っ張ったりしごきながら力ずくで剝ぎ取ると、なにに対してかわからないが、勝利した気分になる。
または、骨をくっつけたままの肉塊。いよいよ焼くのだと思えば、おのずと武者震い

する。王冠みたいに輪っかに仕立てた骨つきラムとか、醤油やはちみつにたっぷり浸けこんだスペアリブとか、鶏の丸焼きとか燻製とか、ただもうそれだけで祝祭の気配をふんぷんと振りまく。洋の東西を問わず、原始の時代からの収穫や褒美の悦びが蘇るのだ。

ときおり無性に骨つきの肉が食べたくなる。もしハンバーグかスペアリブか、どちらか選べと問われたら、迷わずスペアリブだ。柔らかな挽き肉では役不足、がしっと歯やあごに抵抗を喰らわせて一歩も退かぬ堅固な骨つきがいい。それを求めるのは、自分のどこかに野性の荒ぶりがぶすぶすとくすぶっているからなのだろう。

ところで、骨の妙味はなにも獣のそればかりではない。焼いたり煮たりした魚の骨、これもまた格別の趣だ。一尾づけの焼き魚の骨をしゃぶる、煮魚の身にとろりとした風味が生まれる、どちらも骨あればこそ。滲み出るゼラチン質が味わいに興を添える。骨には、味ともつかない味が密かに隠されている。

ずいぶん昔に食べたイタリアの煮込み料理、オーソブッコがなつかしい。骨のなかの空洞に小さなスプーンを差しこんですくう骨髄のとろりと正体のない味がたまらなかった。そういえばTボーンステーキにもすっかりお目にかからない。久しぶりの獲物の肉に、骨に、我を忘れてむしゃぶりついた原始時代の解放感を思うと、食卓のお行儀に息苦しさを感じてしまう。

ミント
たちまち気分転換

ずいぶん昔の話だが、大阪の古い友だちが教えてくれたことがある。
「あのな、スカッとしたいときはな、鼻の穴にミントの葉っぱを詰めるんや、ごっつう気持ちええで」
さっそくやってみた。ミントの葉っぱをちぎって数枚重ね、鼻の穴にもしゃもしゃと差し入れる。うっかり奥に入るとくしゃみが出るから、いりぐちのあたり。そうっと息を吸いこんでみると……。
スカーッ!
一陣の爽快な風が脳天へ疾走していった。
さすがミント。いや、ミントと呼んでしまうから、みょうにお洒落な気配をまとって距離ができてしまうのだ。はっかと呼んでみれば、べつの親しみがわく。
和種はっかは、メントールが多いペパーミント系。じつは「薄荷」の名前の由来は

「荷はあるが中身は少ない」。つまり、どっさり嵩高に見えても存外軽いところから。かつて北海道北見地方には世界一の規模を誇るはっか工場もあり、昭和初期に興隆を極めた。はっかは、日本人の暮らしに縁の深い存在だったのである。

縁日でねだって買ってもらったはっかパイプ、あれは不思議な味だった。口にくわえると、一瞬つんと涼しい。ところがつぎの瞬間、ふがふが。吸ったそばからすると逃げていく正体のなさは、どこへ気持ちの行く先を向ければよいのか困惑した。

けれども、「ああそうだったのか」と納得したのは、クールミントガムを嚙んだときだ。

チューインガムにどうして氷山とペンギンの絵？　訝しみながら一枚引き出し、銀紙を剝く。おそるおそる口のなかに入れて嚙むと、おお！　初めて体験する痛烈な辛さに舌がしびれた。けれども、すぐあとを追いかけて走る鋭い快感。さっきの容赦のない一撃は凄烈な風を煽り、嚙めば嚙むほど爽快な風が巻き起こる。

（もうあと戻りできないよ）

あんなに好きだったのに、オレンジ味のガムが急に色褪せた。歯磨きのときだって、フルーツやいちご風味は「なーんだ、ばかにされてたのかも」。いったんミントの爽快感を覚えてしまったら、おとなの階段をいくつも昇った気分を味わい、お姉さん気分が手に入った。

ちょっとすっきりしたい。ここで気分転換したい。空気を変えたい。そんなときここ一番、ミントのパワーを借りる。天をも穿つ勢いで一点突破、とびきりの新鮮がしゅーっと勢いよく噴出し、たちまち世界を塗り替える。
「ミントジュレップ、ください」
 七月に入ったころ、バーで頼みたくなる一杯がミントジュレップだ。アメリカのケンタッキーダービーに欠かせない夏の風物詩のような存在のカクテルである。バーボン。砂糖。クラッシュドアイス。ミントをたっぷり。ミントの葉をていねいに潰してからステアすると、すっきりさわやか、きりりと冷たい一杯ができあがる。ああ、これを初夏の光を浴びながら飲んだらどんなにおいしかろう。うっとり夢想しながら味わうのも、夜ふけのバーの愉しみだ。
 ところで、私の自慢料理のひとつに「ミントのピラフ」というのがある。アスパラガス、またはれんこんなどを生米といっしょにオリーブオイルで炒め、炊き上がったらたくさんのミントをざっくりちぎり入れて混ぜるのだ。米とミントの組み合わせは珍妙に思えるけれど、ところがいったん味わえば、味覚の新しい扉がさあっと開くこと請け合い。口中に爽快感がぴちぱち弾け飛ぶ快感が頭のなかをシャッフルする。味覚世界にも確かな変革が起きる。
「さっきまでのあたしとはまるで違います」

ミントの魔法を味方につけたら、ちょっといばりたくなる。

スムージー

初夏になると恋しくなる

光がきらきら反射して、南風のなかに弾けて輝く。島の時間にからだごと抱きかかえられ、なにもかもとろけていきそうな昼下がり。

石垣島・川平湾の浜を出るとすぐ、屋根の低いちいさな土産物屋がある。その一隅にカウンターがしつらえてあり、赤いエプロン姿のおねえさんがひとりで忙しそうに手を動かしている。なんの店かしら。看板の品書きに視線を移したら、たちまち喉が鳴った。

つくりたてマンゴージュース、パイナップルジュース、島バナナジュース……。ここはフレッシュジュースの店なのだ。

品書きの一行めから、うっとり。

「おすすめ！ スペシャル（マンゴーとパイナップル）５００円」

冷たいジュースが渇きを癒す瞬間を想像して、もうたまらない。

「このスペシャルください！」

「すぐつくりますねー」

おねえさんは凍らせたマンゴーと切りたてのパイナップルをミキサーにぽんぽん放りこみ、シロップと氷水もくわえて、ミキサーのスイッチを押した。

ぐいーん。

威勢のよい音を立てるや、カウンターにでんと腰を据えたミキサーの中身がくるくる回転しはじめる。マンゴーの濃いオレンジ、パイナップルの黄色、透明な氷、厚手のガラスの中身が互いに混じり合いながら手と手を結んで踊り、しだいに新たな色彩を帯びる。

ぐいーん、ガガーッ。スムージーのできあがり。

かんがえてみれば、すこぶる単細胞なのだミキサーは。大音響を轟かせ、たちまち中身を細かく潰し、いっしょくたに混ぜ、ひとつにさせる。たったこれだけ、簡単明瞭。けれどもその簡単明瞭が、手ではけっしてできない。どれほど包丁を懸命に動かしても、ミキサーの荒業にはとうてい敵わない。

ときどきミキサーとジューサーが混同されることがあるけれど、ぜんぜん違う。ミキサーはぜんぶ砕き潰してとろとろにする。ジューサーは繊維を取り除いて、液体だけを抽出する。まったくべつの役割だ。だから、たとえばフルーツなら、繊維一本も逃したくないときはミキサー、ピュアな果汁百％を飲みたいときはジューサーということにな

さて、私の場合は、ミキサーが頼りの「まるごと派」。そのうえミキサーなら、あの夏場のご馳走があっというま！ ガスパチョである。トマト、セロリ、ピーマン、きゅうり、夏野菜にわずかの塩とにんにくをきかせ、うつわに注いで黄金色のオリーブオイルをたらーり。さわやかな光あふれる休日の朝、スプーンですくった冷えひえのガスパチョを舌のうえにのせる幸せは、なににも代えられない。

とはいいながら以前は、やわらかくて正体のないとろとろが苦手だった。けれども不思議なことだが、夏が近づくたび、急に恋しくなる。

とろとろのスムージーは、ひんやり冷やすと、ベルベットのリボンみたいな一条の流れになる。ぜんたいがなめらかなひとすじにつながり、滑りながらからだの内側を下ってゆく。そのすべらかな心地よさを、容赦のない夏の激しい熱に喘ぐ身体がよろこぶ。

そのうえミキサーでこしらえたとろとろは、きっとキカイが単細胞だからですね、すこしのんきで、間が抜けた味わいだ。きりっとしたところがないから、いっそう安らぐ。

川平湾のスペシャルなとろとろも、泣きたい優しさだった。おねえさんは、もういいんじゃないのというくらいミキサーを念入りにガーガー回してくれた。

「はいどうぞ、五百円。ありがとねー」

島の時間もいっしょに、ミキサーのなかへゆるやかに流れこんでいた。
ごくり、ごくり。
冷たいとろとろが、石垣島の暑さをなだめる。

卵

みょうに不可解

大きな声で言うことでもないからずっと黙っていたけれど、やっぱり思う。卵は奇妙にこわいところがある。

指にちからを入れれば、あっけなくぐしゃりと割れて潰れて中身がぬるっと流れ出る。なのに、あくまでも白身と黄身に二分されている。不可解のかたまり。

小学生のころ卵を殻から飲むのが特技だという友だちのお父さんがいて、あんまり不思議だったから、友だちを誘ってわざわざ見せてもらいに行ったことがある。ひとりで目撃しに行くわけにもいかなくて。

「ようく見てろよお」

会社から戻ったミズエちゃんのお父さんがステテコ姿で玄関まで出てきて、片手に握った生卵を示した。

とんがった先にくちびるを当てる。

喉をのけぞらせ、おもむろに上向く。

ぢゅーっ。

大きな音といっしょに喉仏がぐるりと回転した。

(すっごい)

ミズエちゃんが得意げに卵をもぎ取り、細い指の先を殻にぶすっと突っこんで割ってみせると、もぬけのから。中身はお父さんの喉を通ってどこに消えたのだろう。白身と黄身がもつれ合いながら喉を滑り降りてゆく感触を想像したら、急に気分が悪くなって座りこみそうになったので、あわてて「じゃあね」と背中を向けて駆け出したのだった。

長いあいだ卵かけごはんが苦手だったのは、その余波なのかもしれない。

しかし、自分で台所に立つようになったら、しっぺ返しを喰らうことになった。オムレツと卵焼き。割って、溶いて、焼く、ただそれだけなのにこれほど難物だとは。ほぐし方からしてハードルが高い。混ぜ過ぎれば、こしがなくなる。混ぜ足りなければ、黄身と白身が馴じみ合わない。オムレツを焼くとき、プロは手首をとんとん叩いて返すと知って、練習に励んでみたことがある。けれど、手首が赤くなるばかりですぐ嫌気がさした。いつまでたっても卵に主導権を握られている。

ところが、形勢が一気に大逆転するときがある。それは卵カッターを手にしたときだ。卵一個、捕獲ゆで卵を卵カッターに据えると、なにかこう「確保した気分」になる。

完了。そこへ無慈悲に極細のピアノ線を一気に下ろすと……。

輪切り、くし形切り、あっという間。自慢の技も隠し持っている。いったん輪切りにしてから全体を九十度くるりと回転させ、再び切る。すると満開。花一輪鮮やかに咲き乱れ、自分が手品師にでもなったかのようだ。

卵カッターさえ使えば、包丁に黄身がへばりついたり、ぐずぐずに崩れもせず、どころかぴちっと定規を当てたように切り分けられる。とてもきれい。自分が切ったわけでもないのに、うっとり見とれる。

この頭脳プレーをはじめて知ったのは家庭科の授業である。小学五年のとき、家庭科で初めてこしらえたのがゆで卵だった。鍋のなかの卵を菜箸の先でころころ転がしながら緊張して時計の針をにらみ、火を止める時間を確認した。そののち卵カッターを使えば、つるりと光る白い球体があっけなく均等の輪切りに変わる。鮮やかな黄色の肌が現れると、卵を制した気分を味わい、ほうっと力が抜けた。

さて、フランス料理にはゆで卵や半熟卵の料理がたくさんある。たとえばゆでたてのアスパラガスに半熟卵をのせ、ナイフですーっと切ると、とろとろの黄身がソースになってからみつく。あの洒落た味わいは、たまらないおいしさだ。卵カッターでこしらえた輪切りのゆで卵にオランデーズソースかヴィネグレットソースをかけただけでも、ワインが進む一品になる。もともと家庭科の実習で教わった輪切りなのに、ちょっと合点

がいかない気持ちになるけれど。

胡椒
香辛料界の帝王

胡椒がないと間が抜けるもの。ラーメン。ステーキ。

すぐに脳裏に浮かんだのがこのふたつだった。いやそれだけのはずがない、いくらでもあるだろう。指を折ると、炒飯、オムレツ、煮込み、スープ、炒めもの……やっぱり胡椒がなくては締まらないのだが、無意識のうちに手を伸ばさせるところが胡椒のすごさではないだろうか。

ただ——おおざっぱに胡椒とひとくくりにしてはいけない気がする。

胡椒はこちらの扱いしだいで香りも風味もまるきり変わってしまうが、横幅も奥ゆきもたっぷり、とてつもなく巨大な岩石のような香辛料界の帝王である。

はじめて胡椒を手にしたのは赤いキャップの瓶入りだった。さっと振ると、ぱっと舞う胡椒の香り。町場のちいさな中華料理屋のテーブルであわてて振ると、うっかり吸い

こむと、へっくしょん。
そのうち胡椒挽きをかりかり挽くと、響く音や手ごたえが違えば粗さ細かさも違うと知って、胡椒の道が少しずつ開けていった。
一個ずつ球体。
がりがりと粗く挽く。
ぱらぱらとなめらかに挽く。
さらさらの粉末に挽く。
ベクトルが粗いほうに向くほど、風味はきりっと爽快。ぎゃくに細かな粉末になるほど、なめらか。鍋の中身とまんべんなく混じり、やわらかさを帯びる。いずれも、べつもの。
お座敷がかかった先々、ご贔屓の要望しだいであざやかに場をさばいてみせる手練手管を持っている。たとえば胡椒飯。
胡椒飯はすでに江戸時代に登場した一品だが、小股が切れ上がった粋な味わいには唸る。ただの熱い飯にがりっと挽くだけでもおつなものだが、「うぬ、小洒落ている」とかぶとを脱ぐのはお茶漬けだ。さらさらかきこむと刺激がつーん、キレのよい涼風が首のうしろへ吹き抜けてたちまち目が覚める。
そんなときのために、わたしの秘密兵器がある。工具入れからおもむろに取り出すの

はペンチ。
　こと胡椒にたいしては、ペンチはびっくりするほど精妙適確に働く。割るでもなく、挽くでもなく、そのあいだ。「砕く」。
　ぎざぎざの刃のあいだにしっかり固定して力をこめ、がぎっ。たちどころに粒がばらばらに壊れ、破片になり果てる。胡椒挽きではぜったいに現れてくれないばっきりした香り、ともすれば粗雑とも思える味わい、不規則な舌ざわり。胡椒のあらたな顔が出現する。さすが、ペンチ。
　工具がつくり出す荒っぽい破片が、歯と歯のあいだで炸裂する快感はこたえられない。暴力的で、粗野で、破壊的。なのに、風味のなかにひとすじの気品のような統制を宿す。こんな香辛料がほかにあるだろうか。いや、だからこそ胡椒は、世界中のさまざまな味覚に親しく溶けこんでいったのだろう。
　ペンチで得た不規則な風味の魅力は、包丁でもどうにか叶う。キッチンペーパーを広げたうえに胡椒をのせ、これまたぎぎ、がぎ、ざく、ざくと当てた刃を用心深く下ろし、粒を刻むのである。粗いほうがよければ、てきとうにざっくりと。細かいほうがよければ何度も丹念に。塩梅は思いのままである。
　道具ひとつで千変万化。あれほどの小粒なのに。よけいそらおそろしくなる。ただのステーあるとき、焼いたステーキにペンチで砕いた胡椒をまぶしつけてみた。

キのひとぎれが、舌のうえで暴れまくったものだから、さあたいへん。胡椒の華麗な破壊力に、してやられた。胡椒はすごい。ペンチもすごい。

油揚げ
贅沢が過ぎるでしょうか

　天気のよい冬のはじめの昼下がりである。おや銀杏の葉っぱがずいぶん色づいた、この家の庭では枇杷（びわ）の花がもう咲いた、あちこち見い見い散歩していると、向こうから知人のSさんがやって来るではないか。
「まあ久しぶり。お変わりありませんか」
「貧乏暇あり。ただし酒量だけは落ちませんな、幸か不幸か」
「いやいやそれはなにより」
　ふと手もとに視線を遣ると、指先にちいさなビニール袋が引っ掛かっているので聞いてみた。
「あのう、提げていらっしゃるそれは」
　するとSさんはひょいと袋を持ち上げ、ああこれですか、と笑う。
「油揚げですよ。ついさっき通りがかりの豆腐屋で、二枚。じつはこれから友だちのう

ちに集まってイッパイ飲るんです。酒の肴にと思いまして」

じゃあいずれまた、とふたたび歩き出したSさんのちょっとくたびれたオーバーコートの背中は飄々として、冬の日射しをやわらかく遊ばせていた。

同好の士、ここにあり。酒の肴にはなにはなくとも油揚げ。朝ごはんの味噌汁にも夕餉のおかずにも油揚げ。夜ふけに小腹が空いたら油揚げ。やっぱり油揚げが好きだった在りし日の祖母も、わたしの贔屓ぶりを「こんこんおきつねさんじゃあるまいし」と呆れるだろう。

油揚げは七変化。いや、怪人二十面相。驚くべき化けっぷりを見せる。黄檗宗の祖、隠元禅師は戯文「豆腐の讃」で豆腐の変幻自在ぶりを礼賛し、油揚げのくだりではこう記している。

「身を油にして斎非時の馳走を催し、(中略)豆腐のいたらぬことなし」

斎非時とは、僧侶の午前午後の食事のこと。揚げてなおいっそううまみを増した油揚げは、もうそれだけで手放しの馳走になったのである。

とりわけ精進料理にとって、油揚げは宝のような存在だ。もとは薄い豆腐だというのに、嚙めばじゅわっとこくもうまみもたっぷり、野菜との相性も申しぶんがない。むしろ気の合わない相手を見つけるほうがむずかしい。それどころか、ただ黙って鍋のなかにいてもらうだけでおのずとだしの役目も担ってくれるから、ありがたいこと。文句の

つけようがない。

四角四面の仏頂面をしているけれど、こちらの出方しだいで破顔一笑。でかいまま煮含めてよし、ざっくり短冊に切ってよし、お行儀よく色紙に切ってもよし、うつくしい霰煮切りもよし、四角でも三角でも、ふわふわの極細のせん切りにしてもよし。そろりと袋に広げれば、酢飯を詰めていなり寿司、卵を落とし入れればおでんの種。異種格闘技に持ちこんで、チーズを入れて焼くひともある。白ワインにもぴったりの役者ぶりにぞっこんだ。ぷり入れて楊枝で留め、こんがり焙る。わたしは粗く崩したブルーチーズをたっ

ただし、意外な落とし穴がある。油抜きモンダイである。

ものの本にはたいてい「煮るときはあらかじめ熱湯にくぐらせて、油抜きをしましょう」とある。けれども、それが面倒くさいから油揚げに手を伸ばしづらいのよと敬遠するひともある。わたしの解決策はこうである。じわっと濃いめの味にしたければ、そのまま。ふうわりあっさり、品よくいきたければさっと熱湯を回しかけて油抜く。いっけんシブい皺だらけの頑固おやじに見えて、思いのほか臨機応変で機転が利く。そのうえ、これほど誠実で愛嬌のある相手もそうそう見つからない。うっかりトンビにさらわれてしまったら、地団駄踏んでくやしがりたい。

ところで、酒肴に焙った油揚げには、断じて生姜醬油である。熱い艶肌にじゅっと醬油が妖しく光る。その一瞬だけ、みょうに色っぽさがにじむ。

餅

せっせと世話を焼く

「戸締まり、ちゃんとした?」

家族が連れだって出かけるとき。日が暮れたとき。こどものころ、しょっちゅう耳にした親しい言葉だ。けれど、口にすればたったひとことで片づいていても、じっさいはいちいち手間がかかった。表の玄関。勝手口。よろい戸。ガラス窓。閉めるところがいっぱいあった。日が暮れれば閉めて、朝になったら開けて、また暮れたら閉める、その繰り返し。

真冬になれば、今度はこれだ。

「火の用心」

「ひのよーじん、カチカチ」

町内会のおじさんが、夜ふけに拍子木を打ち鳴らしながら表通りを行く。

暗闇のむこうから響く声はお芝居の科白(せりふ)のようで、拍子木の乾いた音は効果満点の盛

り上げ役だ。そもそも夜番または夜廻りは、江戸時代には冬だけでなく年中常置された。昭和になれば冬に限られるようになったけれど、三十年代はまだまだ火鉢を使っているうちも多かったから、「戸締まり」も「火の用心」もとても身近だった。

わたしの家にも、居間に火鉢があった。夜中になると、まだ熾っている炭火を火箸で灰の奥深くに入れて埋み火にする。おとなの手もとを隣で眺めていたら炭火をいじりたくてたまらず、我慢できなくなって親の目を盗んで火箸に手を伸ばす。

「こら、火に触るとおねしょする！」

どこで見ているのか、いきなり声が飛んで脅かされ、あわてて引っこめる。おとなが器用に炭火を扱っている様子がうらやましかった。

ところが、こどもが火を扱わせてもらえる絶好の機会があった。それが、餅を焼くときである。

炭の上に網をのせ、餅を置く。最初のうちは、餅はでんと腰を据えたまうんともんとも動かない。手持ち無沙汰を我慢してしばらく待ってから、ころあいを見計らって裏を返す。すると、だんだんいい具合に両面に火が当たり、餅の角はほんのりきつね色。少しずつふくらんできたら、こまめにころころ転がしてやると、まんべんなく焼ける。ついに、ぷくーっ。得意満面だ。

こんな言葉がある。

「餅は貧乏人に、魚は大名に焼かせろ」
餅はせっせと世話を焼いてやらなければ、拗ねる。火にまかせっきりでは、見返りはない。ご機嫌をうかがいつつこまやかに面倒を見てやると、餅はきっと応えてくれる。
「目を離しちゃだめだからね」
そばに張りつかせて便利な餅番に使うかわりに、いじらせてやる。おとなの思惑なんかつゆ知らず、有頂天になって餅に熱中した。

だから、餅は焼くものだと思いこんでいた。ところがびっくり、幼稚園のころ、町内をあげて餅つき大会があった。どこからひっぱり出してきたのか、ほんものの杵と臼を初めて目にしたのもこのときだ。近所のおじさんとおばさんが披露する餅つきの芸当にいたっては、阿吽の呼吸にほとんど呆然として見入った。

腰を抜かすのはまだ早かった。ほかほか湯気の立つぼってり巨大な白い塊を、割烹着姿のおばさんたちがよってたかって手品みたいにすばやくちぎり、小分けする。待ち受けていたべつのおばさんが、きなこにまぶしたり、だいこんおろしをからめたり。首を長くして列に並んで搗きたての餅にありつく。

ぐーっと底ぢからを見せつける粘り、たくましいこし、きめの細かいなめらかさ。これはなんだ。焼いたときとはべつもの。これがお餅!? 網の上で面倒を見たり構ってやっているつもりだったのに、餅の真の味におののいた。

ほんとうはすこぶるつきの剛の者。餅は、のんきにふくらんだり、びよーんと伸びたり、でれでれしているだけではなかったのだ。
年が明けて正月の床の間にでんと鎮座した鏡餅は神々しいまでのまぶしさで、元旦にいきなり圧倒される。

鰻にでもする?

鰻にでもする？

　その日、緊張したおももちでキジマさんは玄関の呼び鈴を押した。出版社に入って二年、ある老作家のお宅に原稿を取りに伺うという大役を任されたのである。
　玄関先で身を固くしていると、ほどなく奥からいきなり本人が現れた。応接間に通されると、すでにテーブルの上に茶封筒が置かれている。「あらためてください」「では失礼いたします」。原稿の枚数も数え終わり、ではこれでと辞去しかけると声がかかった。
「食べていきなさい」
　老作家はみずから運んできた盆からお重と湯呑みを預けると、部屋を出ていってしまった。キジマさんは広い応接間にぽつんとひとり残された。ふたを開けると鰻重である。箸を割って粛々と鰻重を片づけ、こうして初仕事をぶじに終えた。
　もう三十何年もまえの話だけれど、あたし鰻重を食べるたびに、あのしんと静まり返った家の空気とか白いカバーの掛かった応接セットを思い出すとキジマさんは言う。それ

に鰻重を食べたの、あれがはじめてだったし。そもそも鰻はとくべつな食べものだった。鰻屋の暖簾をくぐったのなんか、わたしってずいぶんおとなになってからだ。鰻は、外で蒲焼きにこしらえたものを買ってきて、家で食べるものだった。

「暑いから今日は鰻にでもする？」

夕方ちかく、母がおもむろに言うとみな沸き立った。

「お、そりゃあうれしいな」

父が相好を崩す。今からかんがえれば、父と母のあいだではすでに了解がととのっていたのだろう。ふんわり焼けた鰻に箸を入れるところ、白いごはんに茶色いたれが染みこんだところ、どんどん思い浮かべると、口いっぱいつばが溜まった。みなの期待を一身に背負って、母はいそいそ買い物かごを提げて出かける。

「鰻にでもする？」その一拍置いた言い回しに、万感の思いあり。だって、「にでも」などといかにも気軽な様子を装っているけれど、とんでもない。そのじつ大決断が隠れている。ようし今夜の晩ごはんは贅沢に鰻を奢ってしまおう。なにしろ土用の丑の日はもうすぐだし、暑いし、もうすぐ八月だし、元気つけなきゃなんないし。出前というものを取らない家だったから、まず鰻屋に足を運んで蒲焼きを買い、母が

四つの鰻丼に仕立てる。鰻丼のときだけ、ごていねいにふたがのせてあるのが御馳走気分を盛り上げた。

自分のうちの丼で食べているのに、よその味がした。夏のうち何度か食卓にのぼる鰻には、未知の世界をかいま見る興奮がいっしょについてきたのだった。

家で食べる外の味。それは、日常に開くうれしい風穴だ。

たまに赤い顔をした父がぶら提げてくる握り鮨の折。モーニングすがたの父と、留袖を着た母が揃って出かけた結婚式の引き出物は、紅白の風呂敷に包まれた尾頭つきの鯛と赤飯。または、一尾まるごとのっかった鯛飯。折詰の杉の香りに華やかなにぎわいと晴れがましさがこもっていた。留袖からふだん着に着替えてほっとした様子の母が、自分に威勢をつけるように言う。

「じゃあお茶、淹れましょうか」

台所はきれいに片づいたまま、ふだん食べない味にありつく。こどものぶんざいで、お相伴にあずかるのである。うわあ、こんなおいしいものがあったのか！ すっかり冷えきった鯛の塩焼きの硬さにさえ、奇妙な興奮を覚えた。

だから、おかしな話だが、いまだに家で鰻を食べるときは冷静になれない。ふだんの食卓で鰻と対面すると、なにかこう、不意にこどものころに連れ戻された気分がしてきて落ち着きを失ってしまう。

鰻は、いくつになってもそわそわする。白焼き、蒲焼き、うざく、肝吸い。または鰻丼、鰻重。おとなのごほうびは鰻で決まりだ。だから目下の者を労（ねぎら）ってあげようというときも、鰻ほどぴったり来る食べものはない。

酒

極彩色の夢を見る

　九歳の春、家族で京都に旅行した。昼食に入った嵐山の店で、品書きに目を走らせるなり父がいち早く注文した。
「お銚子一本、それからにしんそば」
母が咎める調子で言った。
「なあに昼間から」
ばつが悪そうにお銚子を傾ける父がちょっと気の毒で、こっちの身も縮んだ。口には出さなかったが、はっきりとこう思った。
（母はきっと「正しい側」にいて、父はたぶん「だめな側」にいるおとなしくにしんそばを啜りながら、しかし、わたしは直感した。
（「だめな側」にいるほうが、どうやらいいことがありそうだ）
　肩身が狭そうに酒をちびちび舐めているのに、父は、ほんとうはたいそうしあわせに

見えた。ちょっとちょっとお父さん、自分ひとりだけずるいよ。だって、ほんのり赤く染まった父の目尻がひそやかに語っていた——おい、「だめな側」にいれば気持ちいい思いができるぞ。

なにしろ手本がすばらしかったものだから、少女はこんなおとなに育ってしまいました。

（「だめな側」にいるほうが好き）

正しい側より断固こっち。いそいそよろこんでだめになる。とはいいながら、さすがにときおり頭をよぎることがある。二日酔いもせず、反省もせず、後悔もせず、そういううつくしい酒飲みになれたらどんなによかろう。

いっぽう「ちょっと待った！」。敢然と立ち上がる自分がいる。そんな正しいジンセイ、おもしろくもなんともないだろう。あと味のいいゆるい酒ばかり飲んでいたら、それこそにんげんだめになる。四の五の屁理屈つけながら、だめはだめなりにかんがえるわけです。ようするに、酒と折り合いをつける、これがいちばんむずかしい。酒と穏便に話し合いができないものか。

「もう潮どきよ」

「ごもっとも、ごもっとも。今夜もお世話になりました」

酒のほうから頃合いをはかってすうっと離れていってくれ、こちらもにこにこ手を振

り、未練なく別れる。そんなふうに毎度いきたいわけだが、どっこい現実はままならない。「ま、いっか」「どうせなら」振りかけた手を自分で押さえ、未練がましく背中にしがみついて、ずぶずぶになる。
といいますか、潮どきのあたりで飲む酒、これがとりわけうまい。
だからしばしば潮どきをやりすごす。だれも誉めてくれないのに、裾をからげて大波小波を迎え撃ちに駆け出したりする。どこか勇敢な気分になっている。意味がわからない。
そこで、それなりの負荷を自分に与えてみるわけです。居酒屋で頼む肴は、たたみいわしかうるめいわし、ぬた、塩辛、枝豆……かさこそとした辛気くさいものを選びだし、今夜こそ地味におとなしくいこうと殊勝な気持ちになる。ところが、これがいけない。どれもこれも酒が進む肴ばかりではないか。
または、酒だけが目的ではないと自分を納得させ、季節のうまいもの、たとえばなまこ、〆さば、笹がれいの一夜干しなんか舌なめずりして手を伸ばしてみる。酒から目をそらそうと努力してみるのだが、いや、うまいもんは酒をさらにうまくさせますね。なにもそこまでしなくてもと思う。「正しい側」のひとびとにはうっとうしい話である。わけのわからない話で申しわけないと思う。しかしながら、押したり引いたり、行ったり戻ったり、ぐずぐずしたり急いたり、離したりしがみついたり、逡巡するからこそ酒の味わい

P62

P58

P129

P133

P179

P204

P175

P136

はいや増す。さらには、だめだいけないとわかっていながら暴走するときこそ、とびきりの愉楽が手に入る。

酒がたんと飲めても、なんの自慢にもなりません。けれども、「だめな側」にいるからこそ、ゆらゆらと身を崩す極彩色の夢見心地、いやもうこれだけはぜったい譲れない。

旅

日常に潜む残り香

　旅のおみやげ探しは、日本人のお家芸である。「だから日本人は」などと十把ひと絡げにする気などさらさらないけれど、国内外あちこちで目にする特異な行動パターンにはやっぱりちょっとたじろぐ。

　メモ片手に集中力と執念を発揮しておなじ品物をどっさり買い占めているのは、たいてい日本人である。それも、ちいさくて安くて軽いもの。今日びのパックツアーは「おみやげカタログ」の商品を申しこんでおけば、旅から戻ると同時におみやげが届くというからすごい。つまり、旅に出る前にもうおみやげを買いこんでいる！

　今生の別れとばかり手を握り合って旅に出た時代の話でもあるまい。渡すほうも渡されるほうも、おみやげの亡霊にうなされるのはそろそろやめにしてはどうだろう。

　とはいうものの、「あのひとにこそ」と思い定めた道中のめっけもの、これを手渡されるときのうれしさには、ぐっときてしまう。

「トスカーナで見かけたら思わず喜ぶ顔が浮かんで」といただいた堂々500gのパルミジャーノのかたまり。沖縄の市場で、自分で選別して送ってくれたゴーヤー、島らっきょう、島パイナップルの宅配便。「滞在先のキッチンで、これを毎日パンにのっけて焼いていました」と、フィレンツェから帰るなり届けてくださった生ハム——土地の空気や湿度まで伝わってきて、チーズや島らっきょうを囓りつつ、出かけてもいない旅の余韻に身を浸してみたりする。

だから、自分の旅となればその残り香の濃度はいや増す。旅は、旅をした時間を終えてなおいつまでも生き続ける。

唐辛子と砂糖がなければパイナップルが食べられなくなってしまったのは、タイに旅をしてからだ。四十度近い炎天下を三時間歩き続け、干上がる寸前に一本道でパイナップル売りの屋台を発見したそのとき。まっ赤と真っ白が混じり合った強烈な味の驚きは、十数年経っても舌をいまだに震わせる。すっかり私の「おふくろの味」になってしまったのは、ベトナムの家庭でお客を迎えるとき必ずつくる豚肉と卵の煮込みだ。冬の北京で食べたしゃぶしゃぶ鍋「涮羊肉」のたれは、たっぷり瓶にこしらえて冷蔵庫に寝かせておくのが慣らわしだ。テーブルに出すオリーブオイルを入れるのはオーストラリアで見つけた小皿。

ずっと生き続けるのは、遥かな外国の旅ばかりではない。京都の神社の参道の焙り餅。

北海道の農場で摘んだばかりのアスパラガス。七尾の海産物問屋で食べた炊きたてのにしん。伊賀や会津で囲炉裏を囲んだいのしし鍋。鹿児島の天文館まで食べに行った巨大な白熊アイス。石垣島の泡盛蔵で舐めさせてもらった蒸留したての香り高い花酒。数かぎりない旅の記憶は、記憶のなかでいまなおじわじわと発酵し続ける。

または、旅がそれまでの日常を塗り替えることもある。

私の塩は能登・仁江海岸で出合ったものだ。日本でただひとつ、江戸時代から能登に伝わる揚げ浜式を守り続ける角花家の味。

海岸べりの漆黒の闇のなか、大釜から塩が煮詰まる音が湧き立つ夜ふけを忘れることができない。びちびち、みちみち。緊迫した密度の濃い音。朝焼けの訪れとともに大釜いっぱい現れた塩の華は天然自然の味がした。知ることのなかった味。それが私の旅に出なければけっして出合うことのなかった味。

旅の根っこになっている。

待てよ。ふと思う。私の日常のはんぶんは、もしかしたら旅の時間のなかにあるということなのだろうか。私ははんぶん、いまだ旅のなかで暮らしていることになりはしないか。

そうかんがえてみれば、にわかに現実と過去は溶けかかったバターのように混ざり、壁の時計の針もぐにゃりと曲がって揺れる。

菓子折り

ものであって、ものでない

「手ぶらで勝手な頼みごとに来やがって。いってぇどんなつもりだ」

角刈りごま塩頭のシゲさんがご立腹である。シゲさんは江戸指物の職人で、若いときは三社祭の御神輿の担ぎ手として鳴らした生粋の下町育ちの男だ。用があって浅草のうちを訪ねたら、ちょうどおかみさん相手に憂さを晴らしているところに出食わしたのだった。

「俺をなめるなよ、とっとと帰れって追い出してやったぜ」

「あとで後悔するよ。あっちだって悪気があるわけじゃないんだから」

人情芝居の科白のような会話のあと、シゲさんは腹立ちまぎれに煙草の煙をぶわっと吐きながら、締めくくった。

「じゃあよ、手土産のひとつもないってのはどうなんだ」

やたら手土産にこだわっている。けれども、背中で聞きながら思っていた。むろんシ

ゲスさんはものが欲しかったわけではない。無理な頼みごとなのに、相手が菓子折りのひとつでも携えて来ようと思わなかった、その気持ちのなさにひっかかっているのだ。ほんとうは傷ついてさえいたのである。

菓子折りは、ものであって、ものでない。禅問答みたいなことを言うなと怒られそうだが、いやまあようするにそういうことなのです。

または、こんな一件もある。

マンションの立ち退き問題が紛糾してさんざん揉めているところへ、不動産会社の社長みずから戸別訪問にやって来た。その手土産が、たらばがに。押し切られてうっかり受け取ってしまった妻を、帰宅した夫が責めること、責めること。見え見えの懐柔策に決まってるのだから、こっちが受け取っただけで立場が弱くなるじゃあないか。

「わかったわよ。じゃあたらばがに、返してくるわよっ」

「ちょ、ちょっと待て」

それぞれの脳裏には（もったいない）の六文字が浮上しており、気持ちは千々に乱れるばかりであった。

ものであって、ものではない。またぞろ呪文のように耳奥で妖しい響きが鳴りはじめてしまう。

いっぽう、手土産ひとつで人間カンケイはさらさらと流れる小川の如し。願わくば、

いつもこういきたいものです。それが手土産ほんらいのお務め。功を奏して「よい結果」を連れて来てくれれば万々歳。

狙い過ぎたり大上段に構えたりするとうまくないようです。手土産は。消えもの、つまりぐずぐず残らない食べものを相手に合わせて選び、さりげなくあっさりと手渡してお互いをつないでもらう。

ただし、その場ではあっさり渡っても、手土産の存在感は思いのほか絶大だ。なにしろ自分が帰ったあとも、ちゃんと残り続けるのだから。そしてじんわりと時間をかけて、または数日かけて、こちらの心もちが相手に伝わってゆく。

値段はたいして関係がない。値段が高くても、おざなりのものはおざなりに。たとえ安くても、誠意を持って相手に寄り添いながら選んだぬくもりはぬくもりのまま、ほんとうのところが知れる。そのうえ素朴なひとことが加わると、がぜんうれしさが増す。

菓子折りひとつ、きらりと輝きをまとう。

「きっとお好きだと思って」

「うちの地元の名物なんですよ」

「かねがねぜひ召し上がっていただきたいと思っておりましたので、この機会にお持ちしました」

「つまらないものですが」とむやみに謙遜されるより、ずっとうれしい。だいいちおい

しそうだから、食指が動く。たかが菓子折り、されど菓子折り。渡す側も渡される側も、どっちも菓子折りひとつで傷ついたりなんかしたくない。みんなほんのりしあわせになりたい。
シゲさんの憤懣やるかたない様子を目撃して、バクバクと動悸がしてきた。大急ぎで地下鉄に飛び乗って来たものだから、うっかり手土産を持たずにきた。

おすそわけ
ふだんづきあいの間合い

去年の夏、金曜の夜のことだ。地元のなじみのワインバーで飲んでいたら、常連客のみっちゃんがふと聞くのである。

「とれたての野菜、実家からこーんなにどっさり送ってきたんです。よかったら少しもらってもらえませんか」

うわーい。すかさず勢いよく首をたてに振る。その翌日、駅の近くで待ち合わせて受け取った袋には、トマトやきゅうり、みょうががぎっしり詰まっていた。

おすそわけにあずかるのは無条件にうれしい。それも、友だちのお父さんが自分の畑で丹精した旬の野菜となれば、親しみもうれしさもいっそう募る。

または、つい半月まえのことだ。とつぜん紀州の山奥から生の鹿肉が到来した。段ボール箱を開けると、保冷剤で包まれた生肉のでかいかたまりがごろん。これはもう、自分だけで味わうのはもったいない。なにしろ山道でトラックに撥ねら

れた野生の鹿をさばいて送ってくれたのだ。おいしさは別格にちがいない。「さて、このおすそわけを誰に」と思い巡らせて浮かんだのは、れいのワインバーの常連客ゲンさんの顔である。手づくりのソーセージやハムを扱う食いしんぼうの店主だもの、鹿肉と知れば手放しでよろこんでくれるにちがいない。よしゲンさん待ってて。生肉を切り分けて、それゆけ！ 勢いを駆って自転車を漕ぎ、「はい、おすそわけ！」。

おすそわけにあずかったり、おすそわけに走ったり、年がら年中あっちからこっち、こっちからあっち、目のまえを種々雑多なものが行き交っている。この春は、京都の友だちがたけのこ掘りに行ったから、と五本ばかり段ボール箱に詰めて送ってくれた。

さあ、張り切って分配にかかる。「たくさんいただいたら、おすそわけ」。おいしいものはひとり占めできない性分にできている。

珍しいものが手に入ったときも、虫が騒ぐ。いつだったか、岩手の友だちが自分で海に潜って獲ったという活きさえが到来したことがあった。荷が届いた翌日、親しい来客があったから黙ってはいられない。とはいえお茶請けに出すわけにもゆかず、「ほんの少しだけど」。帰りに四、五個、ビニール袋に入れて差し出す。

そんな話を行きつけの珈琲店でしていたら、黙って新聞を読んでいた隣の席のエドガワさんが顔を上げて宣言した。

「おれなら、絶対分けてなんかやらない。冷蔵庫の奥にでも隠して、誰にもないしょで

ぜんぶひとりで食う。そういう嫌ぁな爺さんになってやるんだオレは」
うまいもんには、こっそり食べるという隠微な悦楽がある。それをみすみす逃してたまるか。髭づら六十二歳の主張である。

おっしゃる通り。「こんな美味をひとりでこそこそ、いいんだろうか」。後ろめたさに苛(さいな)まれながら味わう密かな高揚感は、すでにそれ自体が大御馳走だ。かんがえてみれば、わたしがおいしいものをひとり占めできないのはひとがいいわけでもなんでもなく、後ろめたさや罪悪感に耐えられないだけかもしれない。

ただし、生ものの場合は事情がすこしちがう。いくら隠微な悦楽に身をやつしたくても、抱えこんで独占しているうち、食べごろを逃してしまっておいしさは急降下。これはけっこう情けないです。いただいた先にもおてんとさまにも申しわけない。やっぱり、ここは先手を打っておすそわけ。

おすそわけは、ふだんづきあいの間合いのようなものだ。行ったり来たり、来たり行ったり、ものの行き来も人間関係も、きっぱり割り切れるのはなんだかつまらない。ただし、おたがいさらりといきたい。相手が恐縮しそうなときは、こんな使い勝手のいいひと言もあります。

「どっさりあるから、助けてもらえるとうれしいな」

おお、では手助けしてやろうと膝を乗り出してもらえると、気がらくになる。どちら

も負担は禁物。だって、またそのうち気軽に行ったり来たり。

マスター

型というものがある

　カランコロン。通りかかりのちいさな喫茶店の扉を押すと、ドアベルが鳴った。カウンターのなかから声がかかる。
「いらっしゃいませ」
　コーヒーのドリップを落としているマスターが、視線を上げながらつづける。
「お好きなお席へどうぞ」
　カウンターの奥まった席、つまりマスターの向かいに座っている男性客がスポーツ新聞を広げている。テーブル席が空いているからそっちへ座ると、マスターが水を運んできて、とんと置いてくれる。
「いらっしゃいませ。ご注文は」
「ええと……きょうのサービスコーヒーをください」
「かしこまりました」

マスターには型というものがある。会話の進行は全国共通。「いらっしゃいませ」「ご注文は」「かしこまりました」
丁寧だが慇懃無礼ではなく、じつは微妙な押しのつよさも秘めているけれど、喫茶店のマスターでも、バーの場合はお客のほうに主導権を持たせてみせる。おなじマスターはあくまで自分で場を仕切る。そのぶん声の調子や間合いには人柄と年季もでるし味がでる。

型はほかにもある。マスターの必須アイテムは白シャツに蝶ネクタイでしょう。そこにベストがくわわることもある。なごみ系地元密着型マスターなら毛糸のチョッキ。たدしアレンジはいろいろありまして、エプロン路線も正しい。デニム生地のエプロン、下はネル生地のシャツとジーンズというスタイルもアリ。眼鏡を首から吊っているのもかなり点数が高い。

とはいいながら、どんなにちいさくとも町場で店一軒背負って立つマスターはけっきょく人柄がすべてである。新聞をばさばさたたみながら、向かいのお客が馴じんだ口調でマスターに話しかけている。

「ねえマスター、今度の休みに釣り行かない。たまにはスカッと気分転換」

「いやぁ、マスター、このご時世にわたしなんかのんきに休んでられませんもの」

「このへんでコーヒーいちばんおいしいんだからさ、値上げすりゃいんだよ」

「そんなことしたら罰が当たります」

勝手な言い草につき合いながら、つかず離れず。むだなおしゃべりはしないが、水を向けられれば政談もこなす。

「それにつけても今回の金融政策の方針、アレは政府の市場介入がどう転ぶか、先行きが不安ですねえ」

「床屋談義」という言葉を思いだす。つまり喫茶店のマスターは「町のおじさん」。世間話からひまつぶし、雨宿りまで融通無碍、自在に相手をしながら、公共の居間のホスト役を引き受ける。おいしいコーヒーを淹れてくれるうえ、頼めばバタートーストとかスパゲッティナポリタンまでつくってくれる。ありがたい。しばらく顔を見せなくても非難がましいことも言わず、定番の「いらっしゃいませ」。けれども、顔には「久しぶりですね。元気そうでよかった」と書いてある。コーヒーの味も店の空気も十年一日のごとく変わらない。だから、安心する。「町のおじさん」はおとななのです。

しばらく待っていると、淹れたての熱いコーヒーの香りが鼻をくすぐる。

「お待たせしました、グアテマラです」

ごゆっくりどうぞ、と言い添えて、マスターはふたたびカウンターのなかに戻り、ネルドリップの布を手入れしはじめる。お客は釣り好き客とわたしのふたりだけ。ふと気づくと、クラシックのピアノ曲がちいさく流れている。掛け時計がボーン。午後四時で

す。厚手のカップを持ち上げて啜ると、かろやかな苦みがきいた「本日のサービスコーヒー」五五〇円のおいしさに、こころからなごむ。こういうふつうの喫茶店、近所に一軒はほしい。

週刊誌をぱたんと閉じる音につづいて、カウンターの椅子が動いた。

「さぁて、そろそろ戻るかなぁ」

「お帰りですか」

扉を押す背中をやわらかく送りだすように「ありがとうございました」。調子を抑えた静かな響きは、まだ店内にいるお客に向けた気遣いなのである。こちらも、ありがたい。

マスターに薔薇の花一輪、渡したい気持ちになることがありますね。

ホットケーキ
夢よいつまでも

きちきちと紙ナプキンで巻いた銀のフォークとナイフのひと揃い。手に取ると、ずしりと持ち重りがする。正面の白い皿の上で折り目正しく正座しているのは、二重がさねのうつくしいきつね色。完璧なまんまる。

うわぁ。甘美な陶酔に襲われ、気が遠くなりかける。

老舗のパーラーとかホテルのラウンジとか、そういう場所で粛々とふるまわれるホットケーキ、あの「特別」を絵に描いたような佇まいを前にして冷静を保っていられるひとが一体いるのでしょうか。

高揚感の大波は、さらにやってくる。身を持ち崩すみたいにとろけてゆくバター。黄金の煌めきを振りまきながらしなだれかかるメイプルシロップ。いっそずるいのでは、と疑惑も脳裏をかすめるのだが、甘い香りの渦中に巻きこまれて思考力ゼロ。ナイフの先がすーっと沈みこんだ瞬間、すべてがどうでもよくなる。

まるで気分はシンデレラなのです。

（わたしだけのために誂えられたこの贅沢、夢ではないかしら）

お姫さまだっこ状態。たちまち非日常にさらわれてゆくホットケーキの魔力は、ただごとではない。ただし、そういう非日常のホットケーキもあれば、そうではない日常のホットケーキというのもある。

ハレとケ。

これがホットケーキの二重構造だ。いやそれは違う、だとおっしゃる立派な方々もおられよう。げんにわたしは「休日に手間ひまかけて丁寧にホットケーキを焼くのが好き」だというひと（なぜか男性、なぜか三十代前半）をふたり知っている。

えらいなあ。感心しながら、内心うなだれる。なにしろわたしが焼くホットケーキは、フライパンの直径に等しい巨大なしろもの。お好み焼きどころかUFO並みのでかい奴をいちどきにこしらえ、それを放射線状に切り分けてよいしょと重ねる。またしてもちょっと待った、そんなのホットケーキと呼びたくない、せいぜいパンケーキの範疇じゃないかというスルドい指摘は、このさい引き下げていただきたい。なにしろ本人はあくまでホットケーキのつもりなので。

いっぺんにまとめて焼くのは、こどもが小さかった時分の名残である。時間もない。なに

気力も余裕もない、ええいまとめて焼いてしまえ。みてくれより迅速第一。手抜きと言われれば反論の余地もない。

でも、たのしかった。フライパンの全面にでろでろと広がってゆくタネ、その野放図な様子にぶっちぎりの快感があった。しばらく待つと表面にぷつぷつ気泡があらわれる。フライ返しを底に差しこみ、気合を入れてえいっ。みごと宙返りのち着地させて、偉業を達成する。

鼻唄まじり、でかいまま滑らせてまな板に移し、包丁を入れて六つに切り分ける。ひとり二切れずつ、三角の上に三角をのせ、たちまちできあがり。バター、メイプルシロップ、ときには蜂蜜、ジャム。まだら模様の焦げめも愛嬌のうち。味になんの別状もない。

しかし、こどもは残酷だ。娘が小学一年のとき同級生の子が遊びに来たからおやつにいつものホットケーキをだすと、きっちり刺された。

「へー三角なんだ。でかいねー。うちのお母さんのはきれーなまんまるだよ」

きょとんとしているうちのこどもが、すこし不憫になった。

だからこそ、そとで食べる正調ホットケーキにはとびきりの価値がある。銀のナイフとフォークを握りしめ、うっとり夢見心地。しずしずと口に運びながら思う、夢よいつまでも。

最後のひとくちを食べ終わると、からになった白い皿を見つめてさみしさが募る。でも、うちで食べる三角は、ぜんぜんさみしくなんかならない。またすぐつくりゃいいやと思う。

甘いもの
活力の灯り

熱い番茶のとなりに饅頭がひとつ。いや饅頭でなくとも、買いおきのビスケットで構わない。すこしだけ甘いもの。すると、番茶を啜るひとときがいっそう好もしくなる。

（ああほっとする）

知らず知らず心地よいため息をひとつ。

おやつでもない。デザートでもない。ふとしたとき出逢うほんのすこしの甘いもの。それが、窓ごしにやわらかく射し込む冬の日射しをながめながらの時間であれば、よけいに贅沢を味わう。

たくさんはいらない。ほんのすこしだけ。ちょこっとつまむ程度。足りないかな、と思っても心配無用。甘さは思いのほか豊かにふくらんでゆくから、そこに期待をかける。みずから満足を待ちうけるのである。ありがたがって舌にのせると、ほどなくたしかな充足がやってくる。

甘いものは疲れたときの回復薬でもある。作家、開高健は旅さきで甘いものを食べるのを楽しみにして、必ず持参した。口ぐせは「疲れたときは榮太樓のみつ豆が一番や」。アマゾンやモンゴルの草原でみつ豆の缶詰をぱかっと開け、いかにもうまそうに味わったという。

チョコレートのかけら。キャラメルひとつぶ。飴玉一個。クッキー一枚。羊羹ひときれ。ひとたび口にすると、活力の灯りがぽっと灯る。なりを潜めていた元気がふたたび湧いてこわばりをほぐし、さあもうひとがんばりするかという気を起こさせてくれるのだ。

そのかたわら、甘いものは理性をかるく吹きばす過激さも隠し持っている。

（甘いもの、なんかないか）

いったんこの想念に取り憑かれると、もういけない。導火線に点火された火薬に化ける。危険なスイッチが入ってしまい、コントロール不能。以前に、こんなことがあった。夜中にいきなり点火してしまい、うろうろ家捜ししたあげくなにも見つからないから途方に暮れた。がっくりうなだれながら、そうだ台所に砂糖壺というものがあるじゃないかと小躍りし、砂糖を指につけてひと舐めしてようやく虫をおさめたのである。甘いものが爆発させる衝動は、ほんとうにおそろしい。浮き足立たせられるのだ、甘いものには。

自分でわざわざ買ってきた好みの味のシュークリーム。バウムクーヘン。マドレーヌ。パウンドケーキ。またはどら焼き。三色だんご。最中。季節の上生菓子。いそいそしてしまう。いますぐ手を伸ばしたい衝動をぐーっと抑え、熱い紅茶やコーヒー、煎茶や玉露、おいしさを引き立てる飲みものを見繕って淹れ、じぶんにおあずけを食わせる。いっとき我慢を強いて行儀よく構えてみせる感じ、これがまたたまらない。

お菓子に限らず果物もまたいい。寒い盛りの完熟みかんなど、りっぱな甘いもの。皮をむき、指でつまんだやわらかな房をふくんで歯で破ると馴れ親しんだ果汁が迸り、どこかなつかしいような気持ちもいっしょに押し寄せ、満足を連れてくる。

毎冬の到来を待ち侘びるわたしのとっておきの甘いもの、それが干し柿である。晩秋に穫った熟柿をじっくり寒風に吊して晒し、白い粉をふいていかにもすがれた風情。けれど、ひとくち嚙ると驚嘆する。ねっとりとした感触をさらに増幅させながら複雑に綾なす甘み。わずかひとくちなのに、その濃さ、凝縮感。まるで秘密のように隠したくなってこそこそと味わう。手のなかに隠れてしまうちいさな一個だが、これほどの豊潤を湛えた甘さは、おいそれとはみつからない。

甘いものには、どんなにおとなになっても、ほんのすこし動揺させられる。ふと気づくと嬉々とさせられている。

鼻
呆れるほどに貪欲

　梅雨空が広がる時分、ほんの短いあいだの芳しい香りが待ち遠しい。

　それが、くちなしの香り。さわやかなのに、鼻孔の奥にむっちり沈みこむ。しのびこんできた甘美に、からだごと預けきってしまいたくなる。

　雨のせいだろうか。六月の雨の匂いはすこし重い。なにかがみしっと充ちて、むせかえる。だから、くちなしでも、ハッカでも、樟脳でも、あたりを払う匂いを嗅ぐと、とたんに弾みがつく気分になる。

　だれにでも、思わず胸がはやる匂いというものがある。

　すがたはどこにも見えないのに、ただ空気に混じっているだけなのに、まるで不意に巻き起こった渦にからだごとどこかへもっていかれるような匂い。けれども、それはひとそれぞれ微妙に、または大きくちがう。

　たとえば、わたしならば——。

一歩足を踏み入れた古い図書館。焚き火のけむり。ふかふかと積もり重なる枯れ葉。霧を吹いてアイロンをかけたてのハンカチ。ぱっと灯った瞬間の線香花火。真夏の芝生の草いきれ。すりたての墨汁。波打ちぎわで拾い上げた磯くさい海草。たっぷりお日さまに干したふとん……きりがない。

とはいえ、たとえばおなじ枯れ葉でも、朝露をふくんで湿った落ち葉とでは、すっかりべつの匂いだ。焚き火のけむりにしても、なかに芋が潜んでいれば匂いに香ばしさがくぐもる。鼻は、おそろしいほど敏感に、針の先ほどのわずかな違いを嗅ぎ分ける。

だから、匂いにはさまざまな記憶が幾重にもたくしこまれている。

（あっ、あのときとおなじ匂い）

何気なく買った味噌でいつものように味噌汁をこしらえたら、幼いころ飲んだ味噌汁の味が現れたことがある。かたちもすがたもない匂いが、突然昔の味を連れてくる。だからこそ、それはくらくら目眩を覚える悦びになる。

ただし、匂いにはふたつの方向がある。ひとつは、ほんのり香るかそけき匂い。もうひとつは、強引に五感をさらう匂い。

ほのかな匂いは、しかし、あなどってはいけない。ぱん！ と掌で叩いてさわやかな香りを誘い出す木の芽。カクテルの仕上げ、薄いヴェールのようにふわりとまとわせるレモンピール。茶筅で飛ばす、おろした柚子の皮。シナモンスティックでひと混ぜする

カプチーノ。どれもこれも、ほんのわずかな香りなのに、あるとないとでは大ちがい。消え入りそうだからこそ逃すまいと鼻は香りを捉えにゆき、鼻孔を震わせて感応する。

鼻は呆れるほど貪欲だ。

それに引き換え、強烈な匂いは、わかりやすい直球である。にんにく。くさや。チーズ。燻製。キムチ。「どうだ！」。自分では愛嬌を振りまいているつもりなのだが、臆面もなくあたりかまわず存在感を撒き散らしてしまう。けれども、いったん虜になってしまえば、めったなことでは足抜けできない。なにしろ、理性より鼻のほうが先に両手を広げて歓迎してしまうのだから。

鼻は、どんな球でもけっして見送ることができないたちだ。好きな球なら、よろこび勇んでぶんぶんバットを振り回す。たとえ苦手な球でも無視できず、思わず反応してしまう。鼻をつまんで顔をしかめるのも、りっぱな反応なのです。

ひくひく。鼻が動けばからだも動く。理性も知性も置き去りだ。そんなとんでもない破壊力を知っているからこそ、ひとは匂いを身にまといたがるのかもしれない。

ところで、ひとつだけ残念なことがある。他人になって鼻をぴくつかせ、自分の匂いをくんくん嗅いでみたい。

氷

わたしにとっての贅沢とは

　贅沢というのはじつにひとそれぞれで、豪華客船世界一周の旅でしょうと断言するひともいれば、三十六色の色鉛筆セットを思い浮かべると興奮して眠れなくなりますというひともいる。
　わたしの場合は氷です。かまぼこ板の厚さに切ったからすみとか遊園地の観覧車連続三回乗りとか、思い描く贅沢はたくさんあるが、とりあえずでかい氷がごろごろ浮かんでいるさまを目にすると、やたらうれしくなってしまう。
　あの光景が忘れられない。毎夏お盆のころ、空き地で町内会の夏まつりが催された。浴衣を着せてもらって妹といっしょに下駄を鳴らして出かけていくと、町内のおじさんおばさんが張り切ってにわか屋台を出している。テントの脇にはおおきな金盥が据えてあり、ひと抱えもある氷柱のまわりに氷水に浸かった青いラムネの瓶がぎっしり立っている。誰が伐りだしたのか威風堂々たる氷柱は電飾のオレンジ色の光に照らされて、妖

冷蔵庫ではなく氷でじかに冷やす。やっぱり贅沢極まりない。氷ならじわじわ冷気が伝わるから芯まで冷え、そのぶん冷たさも持続する。電気でやたら尻を叩くのではなく、天然の冷気でそろりそろり攻めるわけです。そもそも氷はいったん水を凍らせてつくるのだから、手間も時間もひと一倍。まだ冷凍庫などなかった明治時代には、北海道や東北の天然氷を伐りだして各地に運んでいた。そのくらい貴重品だったのである。

料理屋で、砕いた氷を敷き詰めたところにガラスの小鉢が埋まって冷やされて出てきたりすると、どきどきする。アラきれい、と平然を装ってみたものの、使った水の量、凍らせた時間、砕いた手間ひま……あれこれ想像して恐縮してしまう。貧乏性ですね。

ところでじつは、氷そのものも時間をかけて凍らせると透明感がいや増す。急ぐときはアルミなど金属の製氷皿が手っ取り早いが、曇りのない透明な氷をつくるには熱伝導が低い素材の容器が向く。そのうえ水をいったん沸騰させれば、含まれている酸素や夾雑物が外に逃げ、ゆっくり凍るから濁りにくい。グラスのなかで燦然と輝くクリスタルな氷のかけら、これまたなんという贅沢な風景だろう。

「どうせならたくさん入れなさい」

夏休みの昼ごはんは毎度そうめんか冷や麦で、冷凍庫の製氷皿から取り出した氷をガラス鉢に入れるのがわたしの役目だった。四角い氷をいっぱい浮かべるのがもったいな

くて四、五個ちょろりと浮かべると、母に釘を刺された——けちったあげく、けっきょく生ぬるいのは情けない。中途はんぱに冷たくては意味がない。どうせならちゃんと冷やせ。

ただし、いくら豪勢に氷を入れて冷やしても、入れかたを間違えては元も子もない。そのことをカルピスで学んだのだから、なるほど夏休みは家庭学習の宝庫だった。グラスに濃い液を入れ、そこへ水を注いで希釈したあとで氷を足すと失敗する。溶けた氷で薄まって、上だけやたら水っぽい。そのうち二層に分離して興醒め。そうか、氷は冷やすと同時に溶けるんだな。氷を入れるなら、水分が増すぶんを計算に入れて濃いめにつくらなければならない。夏休みに学んだ知恵は、おとなになってアイスティやアイスコーヒーをつくるとき役立ちました。

泣き腫らした目を冷やすとき。火傷したとき。歯が痛むとき。人生のいろんな局面で思いがけず何度も氷のお世話になってきたけれど、そのたびにありがたみが増すのが炎天下のぶっかき氷だ。ただの氷のかたまりなのに、手に握ると皮膚を涼しげに濡らす。口中に放りこんでしゃぶれば、のどを潤す。それはまるで砂漠のまんなかで水道の蛇口を発見したときに迫るうれしさに思われる。ただの冷えた水ではない、いったんかちんかちんに凍ったその贅沢さに幻惑されるのだ。

カップ酒
わが人生の友

 旅の連れのカップ酒は、外蓋つきが好みです。いったんはずしたら再装着不可能ではなくて、またちゃんとはめられる蓋つき。
 ひとくち飲んだら蓋を閉めて、自在に塩梅できます。でも閉めたそばから、おっとやっぱりひと啜り、あわてて蓋を剥ぎ取ることも少なくないのですが。
 蓋つきがうれしいのは、心おきなく自分のペースで飲めるから。ところが蓋がない場合、酒がむきだしになるのでホレ飲めヤレ飲め、急かされている気分に襲われ、落ち着きません。せっかくの道中がせかせかしてしまう。それに開けっ放しだと、列車の振動で波立ったりこぼれたりするので、油断は禁物です。酒は血の一滴。
 そのうえ、かばってもくれる。列車の座席で飲むとき、むやみに匂いを周囲に撒き散らさなくてすむ。これはたいせつ。なにしろ四方に紳士淑女がお座りだ。密閉された空間のなか、昼間のカップ酒はビールとは話が違う、ぼわ～んと漂う臭気、いや日本酒な

（太平楽な花見気分を振りまくなよ　何度じろりとにらまれたことか。だから、新幹線とか列車でカップ酒を飲むときは、ついこそこそしてしまう。悪いこともしていないのに、どうしても背徳の気分が拭えない。

しかし、ほのかな罪悪感こそカップ酒最大にして最強の魔力と断言して憚らない。音も高らかに、またはこっそりカップ酒に手を伸ばす。

ぱかっ。

外蓋がついていてもいなくても、天にも昇る気持ち。「もっといい酒飲みなさいよ」と茶々を入れるひともいるけれど、うまいまずいの問題ではない。このワンカップのひと瓶、極楽浄土へ誘ってくれる相手をわが手にしかと確保ずみ。目の前の事実にほくそ笑む。

つくづくカップ酒はえらい。時と場合を選ばず、幸福を連れてきてくれます。散歩に出かけるとき、バッグのなかにカップ酒一個忍ばせることがある。肉屋の軒先で買った揚げたてのコロッケをつまみながら、秋の空を見上げて公園のベンチでカップ酒。ああ、こたえられない。ビールなら気分がすかっとするところなのだが、カップ酒ときたら、ゆるゆるでへでへ、とろんとほどける。なにかがだめな方向へやわらかく崩

れる。こういうとき、つくづく思う。おとなになってよかったな。

いつだったか、真冬に初対面のひとと出張に行った帰りのことだ。吹きさらしのホームで寒風に震えていたら、彼女が「あったまりましょう」と売店でカップ酒ふたつ、買ってきた。列車に乗りこんで肩を並べて酒を啜るうち、足先まであたたまり、すっかりほぐれて胸襟を開いて話しこんだ。一時間のち列車が終着駅に滑りこんだとき、彼女は思わずつぶやいたものです。

「カップ酒は偉大ですね」

厚い縁がくちびるに触れる。すると、まず最初に安心感が流れこむ。あとを追いかけるようにして、とろりと甘美なひとすじがくちびるを湿らせ、喉を潤す。あとはもう、ふわあっと訪れた緩みにからだをまかせておけばよい。

きっと、おしまいが見えているからなのだ。このひと瓶、ぱちっと最後の一滴まで透けて見えている。ほうら、これでぜんぶだよ。ひと瓶存分にお愉しみなさい。授けられたうれしさに、うまさも酔いも右肩上がり。

カップ酒のほろ酔いは、だから、くせになります。いったん覚えてしまった悦びはもう誰にも渡せない。残りの分量を確かめながら自分を采配して、ちびちびいく。このいじましさが、またたまらない。

残りもの
今日を明日につなげる

二月七日
絹ごし豆腐が半丁だけ残る。湯豆腐にしようと思ったら、家族みな帰宅が遅い。ひとりで一丁平らげられず、半丁ぶんは明日の朝、味噌汁に回すことにする。

二月八日
冷蔵庫をのぞくと、三日前に漬けた白菜の浅漬けがぽつんと残っている。たった三口なのに、妙に得した気分である。

二月十一日
お客があったので、晩ごはんはたらの鍋にする。鍋をはじめる前に、酒の肴にでもと思い立ち、かぶと豚肉の炒めものをこしらえた。これがおいしくて調子に乗って食べたら、鍋が半分進んだあたりでみなの箸の動きが止まる。三つ葉、しいたけ、春菊、ねぎ、豆腐、たら。ぜんぶ少しずつ、手つかずのまま材料が残る。明日はこれに白菜キムチを

足して、チゲ風の小鍋に仕立てようと思いつく。

二月十四日

朝はおおめにごはんを炊き、わざと残す。これが長年の習慣である。土鍋のなかに残したごはん茶碗大盛り一杯ぶん、そこへ五〜六倍の水を入れてことこと弱火にかけ、晩ごはんにお粥をこしらえるのだ。晩にお粥を食べると、翌朝すっきりと空腹を覚えて爽快。すこぶるからだの調子がよい。

二月十五日

冷蔵庫の奥で、行方不明になっていた干しいもの囁りかけを救出。しかし赤い黴が浮いており、いもに謝る。

二月十七日

昼ごはんに昨日の残りの肉じゃがを食べる。肉じゃがは、つくりたてより二日めのほうが断然おいしい。だから必ずどっさりこしらえる。豚汁もおなじ。残るように、大鍋いっぱいにつくるもの。シチュウ。肉の煮込み。ミネストローネ。火を入れるたび、こっくりと味わいが深くなっていく。三日めあたり、ミネストローネにちぎったパンやほうれんそうを入れれば、もったり重い味になる。鍋のなかに時間の贈りもの。

二月十八日

休日の夕方は、常備菜をこしらえる。本日はひじきの煮物。繰り返しという言葉を覚えたのは、三十になるかならぬかの頃である。仕事と子育てをかかえて東奔西走しながら、昨日を今日に重ね、今日を明日につなげる意味を台所で知った。

たとえばひじきの煮物は、翌日は目先を変えてごはんに混ぜてひじきごはん。またもや少し余れば、卵焼きに入れたりもした。暮らしは日々つながっているのだった。さて、今夜の晩ごはんはねぎま鍋だ。となれば、翌日は判で押したようにづけ丼である。夜中にまぐろを醬油とみりんで漬けこむと、もう次の日が待ち遠しい。残るとうれしいもの。かき揚げ。天ぷら。すき焼き。どっちも、翌日に丼ものに大出世する。

二月二十日
忙しくて買い物に行く時間がない。しかし、腹は減る。冷凍庫を捜索すると、三週間前、鍋に残った鶏もも肉と玉ねぎのオリーブ煮込みの冷凍を発見。天の助けと拝んで解凍し、ゆでたペンネを入れて一丁上がり。残りものに救われる。

二月二十一日
昨夜うっかりペンネをゆで過ぎ、鍋の底にほんの少し残っている。よし、久しぶりにフリッタータだ。卵四個を溶きほぐし、パルミジャーノとペンネをトマトソースごと入

れて混ぜる。

両面をこんがり焼き、平たいオムレツ状にするフリッタータはイタリアの家庭料理。二十年ほど前、イタリア人の女性に教わった。

「これが私のマンマの味。スパゲッティが残るとつくってくれた。焦げたスパゲッティの端っこが香ばしくてね」

二月二十五日

あとひと口なのにどうしても食べきれず、あべ川餅を残す。残ると途方に暮れるもの。うどん。雑炊。味噌汁。トースト。きゅうりとわかめの酢のもの。野菜炒め。サラダ。

献立

食べものの羅列ではない

献立は日常の柱である。または暮らしの手がかり。

五日まえの献立。

きょうの献立。

明日の献立。

ずっと以前でも、たとえこれからでも、献立を思い浮かべると、その情景がまざまざと浮かぶ。生活の匂いや音をともない、情景に血が通う。

献立は、食べものの羅列ではない。ごはん。おかず。汁。漬物。食後のくだもの……品数が多くても少なくても、いくつかが組み合わさって、ひとつの献立がある。とはいえ、昼は焼きうどん一品だけ、という場合もとうぜんあるわけで、もちろんこれだって献立には違いない。その日その日の事情、時間の流れ、気の持ちよう、日常の仔細が滲みでているのが献立であり、だからこそ現在や過去の日常の手がかり足がかりの役目を

二月九日（火）夜

豚肉の黒酢あんかけ　絹さや入り煎り卵　菜の花のおひたし　かぶの味噌汁　かきの炊きこみごはん

八百屋をのぞいたら菜の花と絹さやが目に留まり、迷わず手を伸ばした。買いものの道中、家々の庭に咲いた紅い梅、白い梅。風流にも、枝にはちょこんとウグイス！　うれしくなって見惚れていると、鳴いてみせてくれた。

「ほけ、ほけ」

鳴きかたがまだ下手なのです。練習に励んでねと声援を送った。そんな春の予感のよろこびを、わたしは菜の花と絹さやに求めたのだ。豚肉とかぶは買いおき。昨日忙しくて使いきれなかった。

なんでもない一夜の献立にも、すくなからず生活の弾みや潤いがある。そこにこそ、ふだんの食卓のおいしさは宿っているのではないか。

献立に励まされることだってある。

あれは小学四年生だったかしら、ともだち数人と諍いをした。意地を張り合って口を利かなくなり、登校するのもつらくなってきたとき、家の台所の冷蔵庫に張ってある給食の献立表が目に留まり、不意に思ったのである。

果たすのだ。

（来週くじらの竜田揚げとフルーツポンチがでる。ぜったい食べたい）学校には行きたくないのに、本気で給食の献立に背中を押された（揚げパンとけんちん汁の献立もすきだった。お祭りの屋台みたいで）。

かんがえてみれば、いまでもたいして進歩がない。買いものをしながら晩ごはんの献立を「よし」とこころに定めると、やる気のない日、押し流されてしまいそうな日、まあ踏んばってみるかと思えてくるから不思議だ。気持ちのどこかに、柱がにょっきりと立つ。

ところで、献立には「メニュー」という言いかたもある。こどものころ、急浮上したあたらしい響きが気恥ずかしかったせいかしら、いまだにちょっと苦手。ただし「メニュウ」と書けば、明治のころのけなげな翻訳ぶりに胸がときめくのだけれど。献立は家庭の言葉、メニューはハレの食卓に花を添える言葉でもあるだろうか。

二月十日（水）朝

かきの炊きこみごはんのおむすび　ひじきの煮もの　白菜の漬物　残りものと常備菜ばかり。早朝に終えるつもりの仕事が片づかず、あるものだけでそそくさとすませた。メニューと言えばぴんとこないが、献立と言えば、記憶はおろか、そのときの苦戦のようすまでずるずると引きだされてくる。献立は、記憶の起爆剤にもなっている。

二十代のころ、大学ノートに献立日記をつけていた時期がある。朝、昼、晩。各項目、一行に料理をひとつずつ。それは自分の拙い食卓をまるはだかにする辛辣な批評でもあったが、いっぽう献立のヒントにも、若い日の忘れがたい記録にもなったのである。お手本は沢村貞子さんの著書『わたしの献立日記』だった。

まことに、献立はひと知れず日常を土台から支える。つくるひとも、食べるひとも。

なくてはだめなのだ、もう

精米

米にも鮮度はある

こんな日がやって来るとは思ってもみなかった。自分のうちで精米！ 米どころを旅すると、駐車場とか道沿いに「コイン精米機」の看板が立っている。これはなんだ？ はじめて目撃したとき意味がわからなかった。

（コインランドリーじゃなくて？）

「コイン」の手軽さと「精米機」の重量感、まるきり逆方向のふたつが結びつかなかったのだ。

「さいきんは米の出荷事情が変わっちゃって、うちらが精米しなくても買い入れ先でちゃんと精米してくれるの」

だから精米機、持ってない家がだんだん増えてね。農家のおばちゃんに教えてもらってようやく納得した。

「兼業農家も多いからね、精米はまかせちゃったほうが手間が省けるのよ。でも、自分

122

ちのぶんはアレを使う。精米したては味が違うから」

そうだったのか。でも、うちの近所にコイン精米機はないのです。知ってはいるのだ。米にだって鮮度はある。いったん精米すればとうぜん酸化するから、香りも風味も落ちてしまう。だから米を買ったら早めに食べ切りたい——わかっちゃいるけど、ハードルは意外に高い。

【米は重い→重いからまとめて買いたくなる→米びつはぎっしり→家族の人数がすくないから二〜三か月長持ち→鮮度が落ちる】

この悪循環をどうにか止めたい。

そんなある日、さっそうと現れたのが家庭用のちっちゃい精米機なのだった。とはいえ、いじましいほど逡巡した。

あらたな家電を増やしたくない。電子レンジもトースターも処分して、着々と規模を縮小してきたというのに。

ぐるぐる悩んで二年。ついにえいやと踏み切ったのは、ともだちの自慢話だった。

「おかずに合わせて今日は五分づき、明日は七分づき、選びほうだい。精米機はたのしいよお、ごはんがうまいよお」

よし、決めた。鮮度のよしあしもさることながら、毎日違うおいしさのごはんが味わえる、その一点がわたしの突破口になった。

大正解でした。予想をはるかに超える大満足である。精米したてのごはんの味、その違いは歴然としていた。暮らしというものは、現状維持に縛られたままではいけない。変化は果敢に受け容れよう。進化させよう。わたしはあらためて精米機に背中をばしんと叩かれた。

買う米も変わった。かならず玄米を買い求め、勝手きままに精米の歩合を変える。きんぴらごぼうや根野菜の煮ものには五分づき。カレーには三分づき。精米するとぱらりと炊き上がるから、炒飯にも合う。もちろん、ふっくらやわらかな十分づきの銀シャリも。

「今日は何分づきでいこうかな」

当初は闖入物を警戒していた連れ合いも、たった一度で気に入ってしまった。ダイヤルひとつ、わずか数分。米を研ぐまえ精米機に入れるだけ。

「へえ、ずいぶん簡単なもんだな」

おもちゃじゃないんですから。はしゃいでいるうちが花と自戒してみたものの、いったん覚えた精米のたのしみは手放せるものではなかった。

ただし、精米機はあらたな課題も与えたのでした。

糠をどう生かすか。

精米すると、米と糠に分かれる。糠はそのまま捨ててもいっこうに構わないのだが、

それもちょっとくやしい。なにしろ、糠にはりっぱな活路がある。溜めた糠を布袋に入れて床拭き。煎り糠にして、いわしやさばの糠炊き。糠漬け……がんばります。精米機の陰に伏兵が潜んでいた。

たわし
調理道具にもなる

住んでいる町の路地裏に、ぽつんと佇む一軒の小料理屋がある。夜中に通りがかると、いつも軽い立ちくらみを覚える。店の名前を掲げた看板にでかい字でこうある。
「亀の子」
意表を突く店名に、どぎまぎしてしまう。いったいどうして、また。さらに謎は深まる。入りぐち脇のちいさなガラスケースに視線を移すと、畳敷きの飾り棚があり、こんもり茶いろの小山が鎮座している。それが、亀の子たわし十数個を組み合わせてこしらえた大亀。

店名といい大亀人形といい、路上で不意打ち。と同時に、突き抜けた発想にたじたじとなる。これはわが町の秘宝というべきだろうか。混乱したまま店の前を通過し、路地を抜け出す。

たわしにもいろいろあるが、なかでも亀の子たわしには、有無をいわせない圧倒的な

存在感がある。さすが明治生まれ。一切のたじろぎが見つからず、迷いやとまどいもない。自信たっぷり、どっしり。自己肯定に満ち満ちている。

たわしは、使いかたにも迷いや遠慮はいらない。ぎゅっと手に握り、ごしごし。自分のちからを塩梅しながら、一直線にごしごしいく。

いちばん頼りになるのは、鉄のフライパンや中華鍋、アルミの鍋釜を洗うときだ。たわしを当ててせっせとこすれば、洗剤なんかいらない。威勢にまかせて動かし、湯でざっと洗い流せば、たいていの汚れは落ちてしまう。

一日の終わりにも、たわしを握れば爽快だ。台所しごとを終えた仕上げにシンクを洗うとき、たわしなら先端のまるみ、面の広さ、どこにでもぴたりと添う。たっぷり厚みがあるから持ちごたえが確かで、適度にしなってクッション性のよさを発揮する。さらに感嘆するのは、根野菜を洗うときだ。にんじん。ごぼう。れんこん。じゃがいも。だいこん。さといも。さつまいも。泥つきのときも、そうでないときも、根野菜を洗うときはかならず小ぶりのたわしを握りこむ。

つよくこすれば皮がむけ、浅くこすれば皮を残したまま、わずかな窪みのなかの泥や汚れもきれいに除ける。椰子の繊維の硬さと柔軟さが功を奏し、あとはちからの入れぐあいひとつ。つまり、調理道具にもなるのだから、こんな便利なものはない。そういえば子どものころ、ズック洗い専用のたわしが庭さきの水道栓にぶら下げてあった。なん

と洗濯道具の役目も果たしたのである。

しかし、たわしはずいぶん不遇をかこっている。その昔は、縄や藁を丸めたものをたわしとして使っていた。それがじょうぶな椰子の繊維に取って代わり、時代を経て、いまではスポンジやナイロンがたわし界の本流を闊歩している。

きっと、フッ素樹脂加工のフライパンや鍋が普及していったからなのだろう。やわらかな道具には、やっぱりやわらかな素材で。ごしごしこすって、たわしの本領を発揮させてしまうと、使いようによっては傷ついたり剥げたりする――。こうして、たわしはだんだん敬遠されるようになっていった。もったいないことである。

たわしのすがたが台所にあると安心する。ふだんは寝転がってむっつりしているのだが、いざとなれば意外に腰が軽くて働きがいい。スポンジやナイロンたわしと役割分担して十分うまくやっていけるだけの協調性もある。放っておく手はない。

ところで、一度も足を踏み入れたことのない小料理屋「亀の子」だが、女将さんの右腕を務めているのがほかならぬ亀の子たわしであることはまちがいない。

輪ゴム
一寸の虫にも五分の魂

ゴム鉄砲には二種類あった。痛いのと、痛くないの。
「かくごしろ。発射っ」
指に引っ掛けた輪ゴムが矢のようにびゅっと飛んでくる。首をすくめて脅えているのに、飛んだはずの輪ゴムは敵の指に掛かったまま。なんだ、からかわれた。最初からひと差し指に掛けてなかったのだ。ようし逆襲だ。
こどものころ、輪ゴムはだいじな遊び道具だった。男の子はゴム鉄砲、女の子は繋げて編んでゴム跳び。おばさんにだって、輪ゴムは必需品だった。
左の手首に必ず輪ゴムをはめているおばさんが近所にいた。一本か二本ぴちっと肉に食いこんで、いかにも痛そうだ。そのうえなにかのついでに割烹着の左袖をまくると、袖のゴムの跡が赤いぎざぎざ模様を刻んで肌がうっすら腫れている。それをおばさんは、痒そうに右手でぼりぼり掻く。

おとなになってようやくわかった。つねに態勢をととのえ、いざというときのために万全の守備を固めていたのだ、おばさんは。

(あれえ。たった今必要なのに、ない)

探す手間も時間も癪に障るし、輪ゴム相手にあたふたしていることにも苛立つ。輪ゴムには、ふとした拍子に足をすくわれる。

しかし、である。よくかんがえてみると、このかた輪ゴムを自分で買ったことがない。もしかしたら一度もないような気さえする。なのに常時十本や二十本、台所の輪ゴム掛けに掛かっている。

つくづく不思議なことである。ようするに輪ゴムというものはそれほど世間に大量に流通しているということだ。

輪ゴムはゴムノキの樹液から採取してつくる「天然素材」である。そもそも日本では大正十二年、自転車のチューブを細い輪切りにしてつくられたのが始まりだという。のちに、柔らかく伸縮性に富み、切れにくく、かつ安価な輪ゴムが誕生するまでにはさぞかし苦労話があったはずなのに、それさえ知らず、のうのうと世話になり続けてきたのは申しわけないことである。

名前でもずいぶん損をしている。一音めの「わ」で明確に空気を破り広げておきながら、次の「ご」は急に喉の奥にこもって引っ掛かり、ざらつきながらむりやり外へ押し

出される。なのに最後の「む」は曖昧なまま、にょろりと終わる。正体が定まらない語感なのだ。

わたしは輪ゴムなしで平気です、と声が上がるのも当然だろう。念のため聞き回ってみると、周囲に輪ゴム購買歴を持つひとはやっぱり見つからなんだ。けれども、世間のほうが輪ゴムを放っておかない。

ひゅーっと伸ばして、ぱちん。

わずか一秒、これほど手早く確実な道具はほかにない。

忙しい店先では頼みの綱だ。八百屋で野菜を包んだ新聞紙をとめる。肉屋で肉やコロッケの包みを束ねる。花屋で花や枝の根元をひとくくりにまとめる。クリップなんかシャラくさい、札束は昔ながらに輪ゴムでまとめなきゃ気分が出ないとおっしゃるお大尽もおられよう。

無意識に手を伸ばしていることだって、ある。開いた袋の口を縛るとき、広がったままのふたの口を閉じるとき、はずれそうな押さえをとめるとき。目前の不都合を解決しなければ当座がしのげない——そういうときこそ輪ゴムの面目躍如。すかさず危機脱出に手をかしてくれる。一寸の虫にも五分の魂、である。

ただし、ほっぽり出したままにすると、へそを曲げる。捻れたり、半分溶けてくっついたり、ぶちっと切れたり、絡んだり、グレてしまう。くにゃくにゃでも、なにしろ

「天然素材」、扱いには期限がある。そこをだいじにしないと、手痛いしっぺ返しを食らうからご用心。

かまぼこ板

ミニサイズのまな板に

どうがんばっても苦手を超えられないものがある。

その筆頭株がメロンパンだ。初めて食べたときから腰が退けた。皮がおおきなかさぶたみたいだ。そのかさぶたを剥ぐと、ぱかっとハゲる。見かけは派手なのに、いったんカツラが脱げたら正体はかさかさだ。そのうえ妙に乾いてぱさつくから、喉が詰まる。なのに、でかい。

三つ子の魂、百まで。こどものころの落胆は、いつのまにか拒絶に変わった。メロンパン起死回生のチャンスが差し出されても、ことごとく顔を背けて、「いやだ、カツラつきパンは」。

ところが、思いもかけない大逆転に遭遇することがある。あれほど苦手だったのに、掌を返したようなななよしぶり。

それがほかでもない、かまぼこだ。

こどものころ、かまぼこが苦手だった。ぺらりと半月に切った一枚を箸でつまむ。するっ、べろべろとくねる。口に運ぶと、人工的な弾力を振りまいて、くちびるや舌先に冷んやりとした感触が張りつく。水木しげるの漫画あたりに、こういう妖怪がいたんじゃないか。

ところが、おとなになってからかまぼこが好物になったのは、蕎麦屋のおかげである。熱燗をちびちび飲みながら、わさびをちょこんとくっつけた板わさに箸を伸ばす。あいまいな味や嚙み心地が、かえって蕎麦屋の昼酒にはたまらない。

さらには、かまぼこは半月に切るだけが方法ではないと気づいた。

かまぼこをいったん板から切り離したら、もう包丁はつかわない。本体を左手にしっかと握る。そこに右手の指を三本ほどめりこませ、くいっとちぎり取る。むにゅう。たっぷり抵抗を示したのち、かまぼこは耐え切れぬようにぶちっとちぎれる。奔放にちぎれた一片に歯を当てると、やや、これがかまぼこだったか。のけぞるほど快活な反応が口中あちこちに伝わる。食いこみ、跳ね、飛び、踊る。半月のぺらぺらとは似ても似つかぬ圧倒的な存在感だ。

さて、かまぼこはこうして胃袋のなかへまるごと一本あっというまに消えるわけだが、いっぽう台所には一枚の板切れがぽつんと残される。

ふうむ。じいっと見る。手に取って見る。くるりと裏返して見る。

そして閃いた。
（かまぼこ板には第二の道がある！）
　プチトマト。すだち。レモン。みょうが。オクラ。ペティナイフでちっちゃなものを切るときは、これだ。たった一個のレモン、たった三本のみょうが、ひとかけらのチーズを切るために、わざわざでかいまな板を引きずり出すのが面倒だ。とびきりミニサイズのまな板をどこかで手に入れられたら……。
　以来、かまぼこ板は「デキるまな板」として活路を得ることになった。なにしろちいさい。軽い。乾きやすい。臭いがない。けっこうな吸湿性がある。なのに、惜しげがない。
　そうしたら、こんどは捨てがたい。台所にふたつみっつ転がしておいてもじゃまにもならず、それどころか思わぬところで意外なちからを発揮する。皮をむいたにんにくを二枚のあいだにはさんでぐいっと押せば、秒殺！　潰す道具に早変わりする。第二の人生はみんなに平等にある。そもそも誰もがなにかの役に立ちたいと願っているのだ。その道を拓くあと押しをした気分になり、満足感が広がる。
　さあ、そこでにわかに浮上するのがメロンパンである。ずっと毛嫌いしてきたけれど、それでいいのか。ほんとうにいいのか。

トースト 専用の焼き網を使う

　鰆の西京焼きの匂いがするトースト。焙ったお揚げ、ソーセージ、焼きしいたけ。昨日の夕餉の匂いがトーストの香ばしさの奥からにょろりと顔をのぞかせる、そんな朝。この世の悲哀であろう。厄災であろう。涙目になってうつむくのだが、トースト問題に翻弄されてきた結果なのだから、文句のぶつけどころはない。
「トースト一枚になんとおおげさな」
　ええ、まあ。だって神様に試練のレールを敷かれてしまったのだ。
　ひとり暮らしを始めた大学生のころ、勇んで買ったのはオーブントースターである。うれしかったなあ。薄切りトーストも厚切りトーストも焼ける。チーズトーストもピザトーストもつくれる。お餅も焼ければグラタンも。無敵の道具を手に入れて有頂天になった。
　ところが、だんだん風船は萎（しぼ）んでいった。だって、日々着々と薄汚れていくんですよ

オーブントースターは。

パンのかけら、溶けたチーズ、炭になったお餅、あれやこれや落下し、じわじわ堆積し、へばりつく。再び掃除をする気が失せる。脱力する。毎日見て見ぬふりをするうち、着々と「見たくないモノ」に育ってゆく——。

いいや。悪いのはくじけた自分なのだ。けなげに再出発の覚悟を決め、オーブントースターを一度捨て、また買い直した。けれども、結局おなじ末路を辿ったあげく、二度めも捨てました。

トラウマという言葉がある。よそに責任を押しつける態度が微妙に漂うからあまり口にはしたくないが、あえて言ってみたい。オーブントースターのトラウマに邪魔されて、わたしはトースターそのものに手を出せなくなりました。

あの図体のでかさが恐怖である。そもそも狭い台所なのだ。そこへもってきて、トーストを焼くためだけに貴重なスペースを占拠されるのがコワイ。友人たちがいくら「イギリス『デュアリット』社の手動式トースター、これで焼くととびきりおいしいよ」などと騒いでも、必死で誘惑に打ち勝ってきた。

けれども、トーストは食べたい。あの幸福を逃したくない。からりと晴れたお天気のよい朝、こんがりきつね色に焼き上がったトーストにバターたっぷり、とろーっと溶けたらさくさくかりかり音も高らかに囓りついてみたい。

そこで登板させたのがグリルである。ところが、試練またもや。いくら優秀なグリルでも、嘲笑うように鼻先をかすかに通り過ぎる鰆の西京焼きの匂い、ソーセージの匂い、お揚げの匂いをパン生地の吸着作用が匂いを集めて災いする。オーブントースター、壊滅。グリル作戦、頓挫。ホットサンド専用の道具にもすぐ飽きた。魚焼き用の網も使ってみたが、パンと火の距離が近すぎて、あっというまに黒焦げ。ついにトースト用の網に見放されたか。

しかし、終着点はふいに現れた。頑丈な焼き網一辺の長さ十六cm、網とセラミック盤の距離四cm。ちんまりしていて、軽くて、高さもじゅうぶん。なにより場所を取らずコンパクト。

「イケる！」

ひと目見るなり、直感した。長かった、この日がやってくるまで。

朝、ぽんと焼き網をコンロにのせて火をつける。たったそれだけで、あっというまにおいしいトーストが焼き上がる。これはもう拍子抜けする簡便さ。うっかり黒い焦げをつくっても、ご愛嬌。自分でうらおもて返して焼けば、こころから満足がゆく素朴なおいしさ。

続けて焙りもの専用に二号機を買い足しました。たたみいわしもお揚げもソーセージもお餅も、トーストで鍛えた焼きかげんの腕がますます冴えて、一号機、二号機とも目

下絶好調。

だしパック

思い切って手を抜く

「わかっちゃいるけどやめられない」のは、とるものもとりあえず酒と女と博打が通り相場のようである。とはいえ、こどものときから「わかっちゃいるけど」とつぶやくのは得意だった。

「わかってるんだったらさっさと宿題かたづけなさい」「わかってるんだったら、十分早く起きて二度と遅刻しなさんな」

言われるたび「ちっ」と舌打ちするのだが、突きつけられた自分のだめさ加減にも「ちっ」。でも結局、ほんとにはわかっちゃいない。

そして、おとなになっても依然おなじせりふとなかよしなのだが、つぶやくシチュエーションの幅だけはずいぶん広がった。そのうちのひとつが、台所で削りぶしをだしパックのなかにぎゅっと詰める瞬間である。

だしパック。ようするに不織布でできた四角い袋状で、口の片側をひっくり返してか

ぶせればパックになる。そういう「便利モノ」のことだ。コレを使えば、中身が外へいっさい逃げない。中身を容れて、煮て、用が済んだら取りだす。たとえば、かつおぶしなら、削りぶしを詰める→煮出す→つまんでポイ。つまり、だしを漉す作業がまるきり省略できる。

手軽なお助けグッズなのだ、だしパックは。だから、なんとなく後ろめたい。サボっている気がする。手間を省いている気配がちょっとはずかしい。だから、削りぶしをこぼさないよう指先に神経を張り巡らせながらパック詰めに集中しているとき、なぜかそこそしてしまうが、「わかっちゃいるけどやめられない」。

だからこそ、時間に余裕のあるときは、おおづかみした削りぶしをぱあっと景気よく鍋のなかに放つ。ザルで漉すときも悠揚迫らぬ態度だ。でもね、いつもそういうわけにはいかない。ものごとは教科書通りには進まないんですよ、これがね。

時間のないとき、時間はあるのに気分が乗らないとき。疲れているとき。気ぜわしいとき。ヤル気のないとき。消沈しているとき。そんなときは、抵抗するだけむだである。流れに逆らわず、ぶらり風まかせでいく。手が抜けるところは思い切って抜く。自分の厄介な気分もいっしょにいいかげんにやり過ごす。

めんどうなとき、きまじめに真正面から向き合うと、ことはよけいにこんがらがる。知らんぷりするわけでもなく、ただひょいと身をかわしながら荒波を見送れば、あとは

どうにか。やり過ごすことで自分自身と折り合いをつけるのも、おとなの知恵だろう。話がうっかりおおきなところへ飛んだが、だしパックとて、自分との折り合いのつけかたのひとつなのである。

とはいえ、余禄もそれなり。煮干しの腹わたを取って詰め、ぽんと放りこむ。クローブやオールスパイスなどちいさなスパイスを入れるとき、あとで発見するのは至難のわざだから、あらかじめパックのなかへ。ブーケガルニなら、たこ糸でくるくる縛らなくても、詰めるだけ——つまり、あとかたもなく鍋のなかからすがたを消してもらいたいものを入れるとき、ほんとうに便利です。

ただし、絶対にやらないことがある。お茶だけは茶葉をパックに入れない。茶葉が自在に身動きできず、たっぷりふくらまず、お茶の味はてきめんにだいなしだ。だったら最初からティーバッグのお世話になる。鍋からスイッと取り出すとき、思い出すのがあの唄です。

「チョイと一杯のつもりで飲んで いつのまにやらはしご酒 気がつきゃホームのベンチでごろ寝 これじゃからだにいいわきゃないよ わかっちゃいるけどやめられない」

「ア、それ」と合いの手入れて、♪「スイスイスーダララッタ スラスラスイスイスイ〜」

うちわ
手早く熱を取る

ずいぶん昔、好きこのんで古いちいさな日本家屋を借りて住んでいたことがある。玄関の扉のノブが丸い金色で、鍵穴に長くてごつい鍵を差し込み回すと、がちゃり重い音が鳴る、そんな古い家。

ガラス窓の枠も桟も木である。何十年も使いこまれて木目まですべすべに光っており、ちょっと手で押せばレールの上をつーっと進んだ。ガラス窓の向こうにはかわいい濡れ縁がついていた。

そんな家だから、さすがに冬のすきま風はこたえたが、夏の快適さはとびきりだった。家のなかをいつもさらさらと風が通る。クーラーなんか用がなかった。

その家で初めて迎えた夏、新しく買い求めたものがある。生まれたばかりの娘に涼しげな風を送ってやるためのうちわである。

うちわで送る風は、どうしてあんなにやわらかいのだろう。ふわり、ふわり、手もと

で起こった風が肌をなでる。いくら小忙しく扇いでも、肌に届くときにはすでに凪いでいる。扇風機の風なら当たっているうちにひんやり冷えるいっぽうだが、うちわの涼風には内側にかすかなぬくもりが宿っているとでもいおうか。涼しいというのは、冷たさとはちがうということを、私は娘にうちわで風を送りながら知った。

以来うちわは必需品になった。夏だけではない、春も秋も冬も、つまり一年中手の届くところになければ困る。それも台所で。

なぜうちわがなければ不都合かといえば、ゆがいた野菜を冷ますときのためだ。ほうれんそう、小松菜、みつば、モロヘイヤ、キャベツ、青梗菜……菜っ葉をゆでたとき。冷水に放って冷ますのがいやである。熱湯でゆでた野菜を一気に冷水に放てば、そのぶん色は鮮やかになる。なにより、熱が即座に奪われるから、ぴたりと加熱が止まる。けれどもおおきな代償がある。どうしたってなんとはなし水っぽくなる。ここがつらい。

では、どうするか。冷水を使わないぶん、余熱をあらかじめ計算に入れて早めに引き上げるのだ。そして、ザルに上げたら間髪入れず、うちわである。

ぱたぱたなどと優雅に扇ぐのではない。ぐわしと柄を握りしめ、ばたばた、ばさばさ、ちからいっぱい風を起こす。

うちわ一本、びっくりするほど手早く熱が取れる。みるみるザルに広げた菜っ葉が冷

P122

P117

P207

P45

P104

P140

P97

P30

めていき、と同時に緑の色もぐっと冴える。放熱しながら表面の水気もいい塩梅に蒸発するから、きゅっと手で絞るだけでいい。うちわは、冷水に放つひと工程を省略するめだけではなく、おいしさを逃さない秘策なのだった。

ところで、そもそもうちわは風を起こすためのものではなかった。唐代の中国では上流階級の女性が顔をうちわで隠す習慣があり、それが日本に伝来した。宮中では、魔除けのための儀礼の道具でもあった。江戸時代になると表面に柿渋を塗った丈夫でおおぶりのうちわが登場し、竈の火熾しや煮炊きには絶好の道具として活躍する。ところが、昭和に入って台所から七輪や炭が消え、おまけにクーラーや扇風機に押しやられ、あげくお払い箱。哀れ、いまでは行き場を失いかけている。

しかし、インテリアの小道具にとどめておくのは惜しい。みすみす浴衣のアクセサリーに甘んじさせておくのは不憫ではないか。おにぎりを結ぶごはんの熱を手早く取る。火にかけた麺つゆを超特急で冷ます。寿司飯を扇ぐ。弁当に詰めるできたてのおかずの熱を冷ましたい……使い道はいろいろ。焼鳥屋や鰻屋に譲り渡してしまう手はない。

うちわを一家に一本。たとえば背中につたう汗をシャワーですっきり流し、冷蔵庫の前へ一直線。冷え冷えのビールをシュポッと抜いてグラスに注ぎ、きゅっと一杯、いつものうちわをぱたぱた。くーっ。夏の日暮れどき、密かな極楽である。

串

脱力系の仕掛け人

いつもおでんの串を握っていたのはチビ太だった。チビ太は「おそ松くん」の六つ子のライバルで、こどもなのに頭に毛が一本しか生えてなくて、イヤミとつるんでハタ坊をいじめていた。ハナをたらしたハタ坊が足をバタつかせて叫ぶ「ハタ坊だジョー」、あの哀愁といったらなかった。それにしても、串に刺さっていたたまる、さんかく、しかく。あの三つのおでんは何だったのだろう。

チビ太があんまりうれしそうに串を握っているのがうらやましくて、晩ごはんがおでんの日、わざわざ串に刺してもらったことがあった。ときどき母にせがんで揚げてもらった串かつ、あれだってフライがばらばらに皿にのっかっているのでは興醒めだ。串を握りしめてぐいと囓りつくから、好きだった。

そもそも串は、まとめ役だ。途中で勝手にばらばらに散ってもらっては困ります。離れず、放さず、最後までちゃんとひと組のままで願います。重責を背負ったたいへんぎ

まじめな道具なのだが、不思議なことにいったん握ってしまうと、ひとを脱力させる。
脱力させるのだが、なにかこう「るんっ」と弾ませるのだ。
おでん。串かつ。焼き鳥。田楽。串だんご。どれもこれも脱力系。串一本持つだけで、でへでへな気分になる。どうやら外国でもおなじ事情らしい。「オイルフォンデュとかチーズフォンデュ、あれはいつでもうれしいもんらしいのよ」と、スイス人と結婚した友だちが言っていた。串から具を落としたら、やれ罰則のキスだと騒ぐのも恒例なのですって。

箸でもなく、フォークでもなく、指でもなく、串一本。長細い棒を突き刺すだけなのに、影響力は絶大だ。相当なムードメーカーなのである。そこで思い出すのがアメリカンドッグとわたあめだ。串の代役に、ぶすっと太い割り箸一本。握ってしまえばたちまち非日常のお祭り気分が味わえる。
だから、パーティだの夜店だの屋台だの、ひとが集まる場では串が本領発揮する。一本握れば縁日気分。指で直接つまむより、はるかに下世話な空気で楽しくなるのが可笑しい。
「それじゃあまるでオレ、阿呆みたいじゃないですか」
串が、ぶすっとふくれっ面をしている。いえ、そんなつもりでは。あわてて取りなす。あなたに助けていただかなければ埒が明かないときがあります。あの瞬間を忘れるわけ

にはいかない。
　たったひと刺し。相手には刺されたことさえ気づかせない、すぅーっと静かな深いひと刺し。その仕事ぶりは凄腕の鍼医者、藤枝梅安先生も顔負けだ。しかもイッパツで勝負を決める──茶碗蒸し、ローストビーフ、煮豚、スポンジケーキ、ぶ厚いハンバーグやチキンソテー、どれも串が頼りである。
　火が通ったかな。もう焼けたかな。そろそろかな。いや、ほんの少し早いかな。判断のつきかねる微妙な頃合い、おもむろに串を手に取り、すーっと刺す。そして、静かに引き抜くと……小さな穴から上がって滲んだ液体が、透き通っていれば万事OK。つまり、火が通っている証拠。濁っていたら、まだ早い。
　串を抜いたあとの穴は針の先ほど小さいというのに、そこには知りたいことの全部が詰まっている。目に見えない状況をつぶさに報告してくれるのだから、すごい。
　いっけん、脱力系。ヴェールを脱げば必殺仕掛人。これが串の正体だ。
　細い串、長い串、木串、竹串、金属の串。先が二股に分かれている松葉串なんていうのもある。すべてに共通しているのは、ぷすっと刺さりやすいよう先端が針みたいに尖っていること。串は脱力させても必殺仕事を担っても、まず最初の責務はこれだ。ちくり。
　串はあんがい皮肉屋かもしれない。

焙烙

火との距離をつくる

昔話がこわかった。のんきなふりして、ほんとうは残酷だったから。「かちかち山」には震えた。化けたたぬきが、おじいさんをだましておばあさん入りのたぬき汁を食べさせてしまう。そうしたら、たぬきはこらしめに火打ち石で背中の萱に火を点けられる。

たぬき「かちかちいうのはなんの音?」

うさぎ「かちかち鳥の鳴き声さ」

萱が燃え出す。

たぬき「ぼうぼういうのはなんの音?」

うさぎ「ぼうぼう山のぼうぼう鳥の鳴き声さ」

ほくそ笑むうさぎ。「かちかち」と「ぼうぼう」、その間がまたおそろしくて、背筋が寒くなった。いまでも、お尻に火が点いて追い詰められると、自分が「かちかち山」の

たぬきになった気がして震える。

ぼうぼうはごめんだ。やっぱり、かちかちいわせる側がいい。かちかちいわせて自分で勝手に火を操って、相手の運命をこの手に握るのさ。

晩秋は、密かにそんな野望を抱いて、葉っぱが枝から離れる頃合いを時遅しと手ぐすね引いて待ちかねる。焙烙（ほうろく）を握りしめて。

焙烙は、ずっと手に余るしろものだった。おもしろい道具にちがいないけれど、きっかけがない。入り口が狭くて、何年もすっかり持て余していたのだが、扉をばあんと破ってくれた相手がある。それが銀杏だ。

十年ほどまえ、秋のおしまいごろ。これ差し上げます、お好きでしょうといただいた袋のなかにぎっしり詰まっていたのが採れたての銀杏だ。象牙を思わせるとやかな肌。灰白とも薄卵ともつかない穏やかでやわらかな色。貝のようにぎゅっと結んだ繋ぎめ。しかし、知っている。その硬く閉じた瞳のなかに眠っているのは、世にも美しい翡翠色の珠。

けれども、その珠にまみえるためには、かちかち火打ち石、いや違った、焙烙がなければ叶わない。さあいよいよ持ち腐れていたお宝の登場である。

取っ手を握って火にかざすと、長期戦の構え。ときおり焙烙を右に左に揺すりながら、なかの銀杏をころころ転がすようにしてまんべんなく火を伝え

気長にころころ、と、そのとき。ふわぁっと香りが立ち昇る。焙烙の内側で銀杏がわれさきにと競い合って、弾けはじめる。ころあいを見計って焙烙を傾けると、ころころ転がり出てきた殻の割れ目から顔をのぞかせているのは、果たして……

火傷するほど熱い翡翠の珠に塩をくっつけ、口のなかに放りこむ。歯にくいっと食いこむようにまとわりつく銀杏の風味。ねっとり絡みついて、逝く秋の憂いを招き寄せる。

ひとつぶひとつぶ指先でつまみ上げるたび、翡翠色をうっとり眺める。

ようやく焙烙を手にしてみたら、相手は銀杏だけではなかった。胡麻を煎れば、ぷっくりふくらんでぐんと香ばしい。湿気た煎茶は、焙烙に茶葉を入れてからりと煎りつける。香りが立つまでじっくり煎れば、手軽に自家製焙じ茶のできあがりだ。塩を煎れば、さらさらの焼き塩もつくれます。

はじめて知った。火は使いよう。火の強さやわらかさ、焙烙の遠さ近さ、このふたつを簡単に操ることができる。焙烙ひとつ握るだけで、自在に火と距離をつくることができるのだ。

それでもときどき、うっかり胡麻を煎り過ぎる。黒く焦がしてあわててふためくのは、気分に余裕がなくてあせっているとき。ぼうぼ

お尻に火が点いて切羽詰っているとき、

うはごめんだ。

おろし金 セラミック製だけど

こころが狭いなあ、わたし。焼き鳥屋で反省した。斜め向かいの客がいちいち串からはずして、焼き鳥を箸でつまんで食べている。何串もおなじようにして、おちょぼ口で食べている。せっかく焼き鳥屋にいるんだから、串のまま食べるほうが野趣があって楽しいと思うのだが、もちろん大きなおせっかいである。

とんかつ屋で、煎り胡麻とちいさなすり鉢がついてくる。そば屋で、わさびとさめ皮のおろし金がついてくる。またしても、くぅーっと身を捩る。

「おろしたてをどうぞ」「香りのよいところをどうぞ」という親切心なのだ。でも、義務を与えられると、ちょっとつらいです。ままごとみたいにミニおろし金をぎゅっとつかみ、不自由そうにお膳の上でわさびをくるくる回しているうち、せせこましい気分になってくる。

わさび。しょうが。にんにく。おろすときは、本気でかかりたい。

わさびを、しょうがを、にんにくのかけらを握りしめ、ごし、ごし、ごし。確かな手ごたえを感じながら、無心になって指にちからをこめる。すると、甲斐あっておろし金の表面には着実な成果があらわれる。

そうなのだ。こころおきなくおろし終えると、うれしくなる。なにかこう、努力が認められて、せんせいに頭をなでてもらえるような気がする。けなげな自分になれるのだ。

ところが、調子に乗っていると手痛いしっぺ返しを食らう。

ごりっ。

手もとが狂って一瞬の違和感に襲われるのだが、すでに遅い。勢いのついた動きに急ブレーキをかけるのがまたおろし金なのだから、たまったものではない。じぃんと痺れた指さきをおそるおそるのぞきこむと、哀れ、皮膚が赤くすりむけて、悲惨な擦過傷が刻まれている。おろし金で擦ると、たいした傷でもないのに、どうしてあんなに痛いのだろう。

自分の皮膚までおろしてしまった情けなさも天下一品である。

だから、おろし金を替えた。

ずっとぺこぺこの、昔ながらの金のおろし金を使っていたのだが、性懲りもなく重ねてしまう自分の粗相に嫌気が差した。おろし金にはなんの罪もないのだが、これ以上いっしょにやっていくのは無理のように思われて。

白羽の矢を立てたのが、セラミックのおろし金である（「金」でもないのに、いまだ

におろし金としか呼びようのないところが、本家本元の偉大さだ)。いったい誰がかんがえたのだろう、セラミックの働きぶりには目を見張る。着実におろせて、よけいなちからもいらないし、目も減りづらいから、おろし具合も一定だ。底のシリコンゴムがぴたり台に張りついて、安定感たっぷり。たとえ手もとが狂っても「金」より被害は少ない。

けれども、正直をいえば、列に横入りをしているようなおさまりの悪さを感じてしまう。

「セラミック製の使いやすさに逃げていていいのか?」

いまだに先代に気持ちが残っているわけです。縁が切れてない。口当たりはやわらかく、すがたは見えないのに気配をきちんと残す。おろさなければ味わえないおいしさがあるのだ。なのに、新旧のあいだでいまだに肝が据わらない。

ワックスペーパー 台所に常備すべし！

のっけからくやしい思いを味わうのは、カステラと肉まんだ。食べるまえ、まずは底に張りついている半透明の紙をつまんでピーッと剝がす。このとき、どうかすると身がへばりついていっしょに剝がれる。カステラは焦茶色、肉まんは白いの。哀れ、やわらかな身が紙にくっついて剝がれ去る。ときどき底が破れて、中身が顔を出すこともある。そもそも「くっつかない」というのがアナタの使命なのでしょうという思いがこちらにあるから、よけいくやしいわけです。

ワックスペーパー、またはロール状になっていればグラシンペーパーと呼ぶと高校の家庭科の実習で教わった気がするけれど、それまで油紙というのだと思っていた。家で母がスポンジケーキを焼くとき、そう言っていたから。

紙にロウ引きをして耐油性と防水性を持たせたのがワックスペーパーだ。無漂白のパ

ラフィン紙とおなじ。油をはじくとはいっても、油を適度に吸収しながら、外に漏らしたり汚したりしない。水気をはじきながら、同時に乾燥も防ぐ。そのぶん、ただの紙より破れにくく、強い。ずいぶん高度な技能を持つ紙なのだ。

つるつるぺらぺらなのに、一枚敷くだけで、あとの手間はおおきく違う。ケーキ、クッキー、ビスケット、パイを焼く。そのままでは鉄板にへばりついて底が焦げつくけれど、ワックスペーパーさえ敷いておけばほとんどくっつかず、焦げて鉄板が汚れることもない。お菓子だけではない。スペアリブ、豚肉のかたまり……オーブンで肉を焼くときも焦げつき防止に役立つ。

蒸すときにも重宝する。蒸籠で焼売やら饅頭やら蒸すとき、一枚敷くだけで皿代わり。蒸籠も汚れ知らず、もちろん取り出しやすい。

「でも焼売もつくらないし、そんなの関係ない」？　でも、こんな場合だってある。

お弁当のサンドウィッチを包む。

残ったパンをくるむ。

――ドーナッツやクッキー、ビスケットを包む。

そのままチンできるから、おにぎりやコロッケ、揚げものを入れる。

清潔感があって破れにくいから、わたしは、くだものやお菓子など気軽なおすそわけ用の包み紙はワックスペーパー製の袋に決めている。

沖縄の市場のおかず横丁で買い物をすると、ワックスペーパーの活躍ぶりに舌を巻く。魚のてんぷら、ティビチの醬油煮、サーターアンダーギー……あっちの店でもこっちの店でも、おおきな茶封筒みたいなワックスペーパーバッグにぽんぽん入れてくれる。両側のはじっこをきゅっとひねれば一丁上がりだ。中身の油も水気も気にせず、バッグのなかにしまえる。ワックスペーパーは、洒落たランチバッグにも小むずかしい台所用品にもおさまらない。

ロウ引きの紙の手触りは、フェティッシュな快感をも呼び覚ます。そのままなら、つるつる、ぬるぬる。くしゃっと握りこめば、しゃりしゃり、さらさら。もう一度広げて均(なら)せば、しゃかしゃか。官能をそそる感触を潜めている。チョコレートやクッキーの箱のなかに、白い厚手のワックスペーパーが入っていることがあるでしょう。あれは潰れたり崩れたりしないためのクッション材なのだ。その肌触りがたまらなく好きで、おなじ素材を使って椅子をつくってしまったインテリアデザイナーもいる。ワックスペーパーには思わず指でなでたくなるような、むずむずと突拍子もない衝動を蠢(うごめ)かせるなにかが潜んでいるのかもしれない。

見えそうで見えない。半透明の奥でちょっとだけ中身が見える。思わせぶりなところも好きだ。

中華包丁
重みで勝つ

　重さで勝負。中華包丁は持ち重りがしなくては話にならない。きっぱり教え諭してくれたのは、北京の老舗の包丁屋主人である。せっかく北京にやってきたのだもの、ここはひとつ初訪問記念の品を。あれこれ思案したあげく、そうだ本場の中華包丁はどうだろうと思いついたのだった。
　ちいさな店だが、りっぱなケースのなかにずらり包丁の刃が鈍い光を放ってドスをきかせている。どれもこれも四角い中華包丁だ。隣で若い夫婦が真剣な顔を寄せ合っている。新婚さんなのだ。はて彼らはどんな包丁を選ぶのかしら。がぜん好奇心が刺激された。
「これなんかいいんじゃないか」
「どうかしら、わたしの手には大きすぎちゃう」
「そんなことないさ、ほらちゃんと握ってごらんよ」

北京語は不案内なくせに、新婚の会話はどうしてこんなにわかりやすいのか。
「アラ、意外にイケるかも」
「だろ？ これさえあれば、きみのきゃしゃな腕でも骨つきの肉もイッパツさ」
そして髪を七三にぴっちり分けた若い夫は、花柄のワンピースの妻の上腕に手を伸ばしてそっと握ったのだった。
買い物袋をぶら提げて弾んだ二人の背中を見送りながら、わたしは思わずおなじ包丁に吸い寄せられた。ステンレス製で、たしかにずしりと手首に重い。迫力漲るこの一本を、はたしてわたしは使いこなせるのだろうか。
ものごとを習得するとき、まずかたちから入るという手がある。アスリート仕様のジョギングシューズ。たいそうな値段のゴルフのクラブ。作務衣とそば打ち道具一式……すると、その気になるいっぽう、追い込まれる。自分の腕との開きをどうにか埋めようと必死になるわけです。
このわたしがそうだった。ひとまわり小ぶりのこっちを、と店主に勧められた一本をふところに携えて帰国した翌日から奮闘は始まった。チャレンジャーの立場に自分を追いこめば、やっぱりそれなりに上達は早くなるとみえて、せん切り、薄切り、細切り、みじん切り……なんでも北京土産でやっつけてみることにした。
すとん、すとん、すとん、自分の重みでまっすぐ自然に刃が下りる。こんな包丁の使い心地が

あったのか！　牛刀や三徳包丁、ペティナイフなら、ひと渡りの刃を操る腕が先立たなければならない。ところが中華包丁は、いってみれば、刃の切れ味と同時に重さがかなめ。重さを生かしてこその包丁である。
むりやり手わざでねじ伏せようとしても、だめ。素直にあと押しにまわって、行きたいところへついてゆく。ようするに「負けて勝つ」。結局のところ、これが中華包丁の使いこなしの極意なのだった。
こっそり告白しておこう。わたしが中華包丁を手放せなくなったのは、じつは叩く快感を覚えてしまったからである。バシッと一発、横っつらを張り飛ばすごとく、叩く。遠慮会釈なく、潰す。にんにく、しょうがはもちろん、きゅうり、れんこん、ごぼう……的確に、思うさま叩ける道具であることが判明した。
もうひとつ、持っててよかったと実感するのは、肉をこま切れや挽き肉にするときだ。これぞ重力の勝利、すとんすとんと素直に包丁の刃を落とせば気持ちよいほど肉が切れ、海老が潰れる。だから、たった一本にしぼりこんだ北京土産のおかげで、挽き肉も海老のすり身もフレッシュな自家製になった。
じつは、「集める」というのも中華包丁の得意わざ。あらゆる包丁のなかで収集能力、搭載能力はピカイチだ。切って、刻んで、叩いて、潰して、みずから回収にまわる。この始末のよさに胸がすく。そんなわけで、台所で一句。

土産もの　ぴたりハマれば　一生もの

アルミホイル苦手、だけでは済まない

からっ風が吹いている。いよいよ季節到来、買いおきはぬかりなし。予備の箱があるのを確認したら、心おきなく突入だ。

アルミホイルの季節である。焼きいもの季節の到来だ。

冬の朝に焼きいもを食べるのはいつのまにか定着した習慣で、おお今日も冷えこむわぁと首をすくめながら、起き抜けにさつまいもを手にする。さつまいもを洗い、水分をそのまま残してアルミホイルで巻く。これを二十分ほどコンロのなかのグリルで焼き、竹串がすっと通ったら火を消す。そのまま十分のちに取り出す。

とはいえ、ごく簡単な話である。

なんだ、放置しておくだけじゃないの。はい、アルミホイルで包んで焼く、たったそれだけ。

すべてはアルミホイルに助けられてのことだ。どんな形にも意のまま、ぴったりくっ

ついて密閉し、熱を逃がさない。焦げつきもせず、剝がれもしない。ようするにアルミホイルなくして焼きいもにはありつけない。だから、真冬はアルミホイルの季節なのです。

たったそれだけではアルミホイルを活用しているとはいえないんじゃないの？　厳しいご指摘を受けると、ぐうの音も出ないのだが、私には弱点がある。歯が浮くのです。銀いろが擦れたりちぎれたりすると、歯の芯に針が刺しこまれたように激しい電流が走る。もしゃもしゃに丸めたり、それをもう一度広げたりするときなど、とたんにすーっと歯が浮き、疼き、酸っぱい液が口のなかにどっと溜まる。

なのに、朝の熱い焼きいものためなら耐える気になるのは食い意地のなせるわざなのだ。ほかにもアルミホイルに手を伸ばす局面は少しだけある。味噌を包んで焙り、香りを出すとき。グリルを無用に汚したくないとき、魚の粕漬けやら肉の味噌漬けやらのせて焼き、あと始末のなさに爽快な気分を味わう。または、落としぶたに使うとき。煮汁がうまく対流して、効率のよいことこのうえなし。鍋の直径に合わせて形を整え、上に被せる。煮汁がうまく対流して、効率のよいことこのうえなし。

下手は下手なりにがんばっている。いくら苦手でも、代替えのきかない働きぶりは認めているから、やっぱりそばに置かないわけにいかないのだ。ようするに、宙ぶらりんの存在なのだ。ただの苦手とはちがう。苦手なだけなら克服しようという気にもなるが、

わざと敬遠して一定の距離をつくって腰を退いておきたい。そんなへりくつが自分のなかに見つかる。

銀いろのてかり。歯に沁みる硬い音。尖った手触り。最初は熱くても、たちまち冷める……どうかんがえても、ほっこりなごみたい食卓にはそぐわない。皿の上にアルミホイルの包みがのっかっている風景は、湯豆腐の上に氷あずきがのっかっているようなものだから、「白身魚ときのこのホイル包み焼き」とか「鶏肉とハーブのホイル蒸し」とか、やっぱり苦手だ。歯を疼かせながら勇気を奮って開いてみると、いったんしわになったぶん、ぴかぴかの華麗な光線を乱反射する。箸を握りつつその光景を見つめていると、しだいに背中が冷えてくる。または、幕の内弁当のかたすみにアルミホイルのカップを発見したとき。切り干しだいこんの煮ものとか小松菜の煮浸しとか、中身をできるだけそうっと箸でつまみ上げる。ただでさえまぶしいのに、寝た子を起こしては一大事。なにも目の敵にしているわけではなくて、ひたすら穏便なおつきあいをしたい、その一念。だから寒い冬は、年に一度のアルミホイル感謝月間。歯を食いしばってアルミホイルに手を伸ばし、そろりそろりといもを巻く。

中華鍋

丸みと深さに秘密あり

とても好きな歌がある。『あなたとならば』。ニッポンの古き佳きジャズエイジを代表する名曲のひとつだ。

♪あなたとならば　しのびましょう
苦しみも悲しみも

十三歳でブロードウェイのスタアになり、戦争直前に引退した伝説の歌姫川畑文子の甘い声を思い出すと、戦前の生まれでもないのに胸がきゅうっとする。あなたとならば手鍋提げてもともにゆく覚悟です。台所道具のなかから、まなじりを決して私がひっつかむとしたらこれだ。

「中華鍋」

でかいまんまるな中華鍋を背中にくくりつける。そもそも十八のとき初めて手にした中華鍋だから、と言うのは簡単なのだが、それだけであっさり終わる話でもない。

じっさい、中華鍋でできないことは、なにひとつない。炒める、揚げる、煮る、なんでもこなす。蒸籠をのせれば、蒸し器にも早変わりする。さらには、逆さにして鍋にかぶせてふたの役目を負わせるという手も引き受けてくれる。鉄の重量を有効利用して、塩をふった白菜のうえで重しに使うこともある。ドーム型なので重心がはっきりしているから、いったん置いてしまえば、意外にもずいぶん安定がいいのだ。

裏も表も知り尽くした長年のつきあいのうち、わたしはその畏怖を覚えるようにもなった。

北京のアパートのちいさな台所にたったひとつ、中華鍋が置かれている。まわりを見回してもほかに鍋は見つからず、どうやらこれが唯一の鍋だった。どこの家にでもあるありきたりの鋳鉄の鍋だが、いざ火にかけてからの八面六臂(はちめんろっぴ)の働きぶりに唖然とした。

以下は、見たまま。

まず湯を沸かし、もやしをゆでる。もやしをすくったあとの湯で、あくの出るほうれんそうをゆでる。その湯を捨てて余熱で乾かしたら油をたぷたぷ注ぎ、衣をつけた豚肉をかりっと揚げる。揚げ油をざあっと油入れに移して空け、さあこれで鍋肌にしっかり油がしみて皮膜ができた。つぎは、ねぎ入り炒り卵。最後はこってりとろみをつけた甘酢をつくる。そこへさっき揚げておいた豚肉を戻して、熱々のひと皿が登場した。たったひと

もやしの冷菜。ほうれんそうの和えもの。炒り卵。揚げ豚肉の甘酢炒め。

つの鍋で、あっというまに四品完了！

つまり、こういうことだ。たったひとつの鍋をくるくる使い回す、その手順が中華鍋を舞台に、計算し尽くされている。万事が効率よく、じゃまを省き、手入れも簡単。舌を巻く周到さにたじたじだ。老婦人の台所は電車の運行ダイヤ通りに進行した。圧倒された。たったひとつの鍋でなんでもつくれる！

北京でわたしもかんがえた。ぽんと膝を叩いて、思った。中華鍋の丸みと深さ、秘密はこれだ。丸みと深さがあれば、そのぶん容量が増す。鍋肌の面積もひろくなる。鍋底がカーブしているから、湯に対流が起こって、すぐ沸騰する。あおればおのずと中身がこっちへ返って戻り、鍋肌に触れる面積が多くなるからすばやく熱が通る……中国の英知である。

そうめんも、スパゲッティも、うどんも、だから中華鍋で勢いよくゆでる。底のくぼみを生かしてトルティージャも焼く。オムレツもくるっと巻く。なくてはだめなのだ、もう。指折り数えてみれば十八の年から三代め、掌にも腕にもすっかりなじんで、とても他人とは思えない。

日常のすきま

小鉢

手間を少しだけ盛りこむ

あればあったでうれしい。なければないで困りはしないが、あるとなしとでは大違い。

それが小鉢である。

想像してみてほしい。今日のお膳に小鉢が添えられている。ごはんや味噌汁、焼き魚、和えもの、とりどりのうつわのなかにちょこんと混じっている。

（おや、中身はなんだろう）

ひっそり地味な風情に魅かれてわずかに首を伸ばし、なかをのぞきこむ格好になる。その瞬間のほんのりとしたうれしさ。

わずかな感情なのだが、なにかこう優しく構ってもらっている気配を感じとる。もうひと品添えてくれたんだな。食べるまえから大切に扱われているように思われて、ふくふくとした満足感がつのる。

小鉢のなかには、じつはたしかな思いがこもっている。ささっとこしらえました。ほ

んのわずかだけれど、よろこんでもらえたらうれしい。でも、じゃまはいたしません。ちょいちょいつまんでもらって、主役が引き立てばもうそれで——たとえばそんな感じだろうか。

ただし、ちゃんと自負や自慢もある。

満足してもらいたいという一途さ、謙虚さには頭が下がる。

なめこおろし。つらら芋といくらを和えたの。ぜんまいの炒め煮。和え。菊花のおひたし。しらたきとたらこ炒め。ねぎぬた……季節の素材に、ぱっとひと手間くわえてこしらえた勢いがある。いま、この野菜がおいしいから。食べさせたいから。さっと手を伸ばし、台所でひとしごと。

その手間をさりげなく小鉢に盛りこむところに、そこはかとなく余裕がある。だからこちらにとっても、食べているときの止まり木、休憩場所になるのだ。気を抜ける相手が目のまえにあるだけで安心する。まさに箸休め。小鉢は箸休めとも呼ぶ。

知り合いに、自他ともに認める「小鉢好き」の男がいる。自分で料理を選べる定食屋に行くと、ごはんと味噌汁以外は小鉢ばかり取りたがる。居酒屋ならまぐろ納豆、いくらおろし、小鉢に盛ったものばかり。枝豆にしても、小鉢に入っていればありがたみはぐっと増すと言う。

「放っておいてくれるから、気がらくなのよ」

これが彼の弁だ。刺身の盛り合わせとか揚げ出し豆腐とか、きんきの煮付けとか、ぐ

いっとうまいものは「なんとなく迫ってくる」。ところが小鉢ならば、時間が経って冷めても、いつも様子が変わらない。

「だからね、急かされたり、ご機嫌を伺ったりする必要がないのよ」

勝手気ままを許してくれるところが、たまらなく落ち着くのだという。

ただ、小鉢ばかり三つも四つも立ち並んだ風景は珍妙だ。荒れ地にビルが林立したような、微妙な違和感。間が抜けてしまう。やっぱり小鉢は、ぜんたいのなかのひとつ。慎みのある様子に価値がある。そっと場に溶けこむような佇まいは、たとえばきゅっと襟もとを合わせて紬の着物に身を包んだひとの立ち姿という感じでしょうか。

さて、大急ぎで間に合わせるときも小鉢はとても便利だ。

「なにもないけど、まずはこれで」

たとえ鍋のなかにはたっぷりあっても、あえて小鉢に盛りこんで出す。すると、たちまちお膳に間合いが生まれる。緩急がつく。ニクイデスネ、ということになる。

それを言っちゃあおしまい、というたぐいの言葉を江戸のころは閉め言葉と呼んで野暮と嫌ったが、小鉢は正反対だ。ちいさなうつわが言外に漂わせるのは、慎み深さ、思いやり。これぞ日本の食卓の情緒である。

ガラス 使い終わりに山場あり

居酒屋の品書きに「天豆」の字を見つけて風流をよろこんだのもつかのま、ひと呼吸置いて、こんどは走りの枝豆がお目見えする。

天豆、つまりそら豆は、莢をむいてゆでたら小鉢にそうっとおさめてやりたい。晩春と初夏のあいだに育まれた翡翠のつぶにいたいけな感情をおぼえるからだろうか。いっぽう、枝豆には夏に足を踏み入れた威勢のよさがあり、こりりと砕ける歯ごたえに切れ味を感じる。その勢いにいっそう弾みをつけたくなって、ひんやり生硬なガラスのうつわを手にしたくなるのだ。

目がはしゃぐ。つるんとすべらかな感触を指の肌がうれしがる。じかに触れなくても、自分のからだのいろいろが連鎖反応を起こし、しきりにガラスを迎えたがる。それはきっと、数か月まえまで閉ざされていた感覚の扉が夏の予感を捉えてふたたび開花する、そのよろこびなのだろう。

季節が進むにつれ、おのずと求める風合いに変化が訪れる。かんがえてみれば不思議なことだが、つまりわたしたちの暮らしというものはおのずと歳時記に寄り添うて進んでいるのだ。

さて、ガラスのうつわは、じつは使い終えたあとに山場が控えている。

たとえば気持ちのよい風が吹く夕暮れどき。冷えたビールをきゅーっと一杯、とっておきの薄いグラスで。またはサラダを見た目も涼やかなガラスボウルで。いそいそ手にした、まさにそのとき。グラスの縁に汚れがぺったり。ボウルに指紋がべたべた。ぜんたいが曇っている。ようするに、前回使ったときの汚れがどんより残っている――。せっかく清涼感を味わおうと思ったのに、のっけからはしごをはずされて意気消沈。

目のまえの相手が身内なら「おっとシツレイ」。そそくさと引ったくって取り繕うところだが、お客の場合ならそうもいかない。「さあどうぞ」とグラスを差し出すと、中途はんぱにくすんださまが透けて見え、穴があったら入りたい。神さまはどうしてこんな残酷な仕打ちをするのかとしょぼくれる。詰めが甘かったのは自分なのに。

使い終わりは、すでに使い始めと知るべし。

ガラスのうつわやグラスの扱いにおいては、どうやらこれが定理のようである。もちろんそれを証明しているのは、自分の悲惨な失敗と赤っ恥なのだけれど。

幸田文が父、露伴から叩きこまれた掃除を語る一文にこんなくだりがある。

「雑巾は自分の手に合う大きさに作る。そうすれば雑巾は、端ばしまで手の神経のままに自由に使いこなせる。手をはみだすような雑巾の、はみだした部分は雑巾とはいえぬいわば余計ものであり、単なるぼろきれであり、これが勝手に塵よごれを引き摺って、壁や建具に雑巾摺をつくるから駄目。」（『幸田文 しつけ帖』平凡社）

しかも糸で刺した雑巾はかえって不潔、ぼろ切れに丹念な針仕事をほどこすなど時間も労力もむだ、と容赦がない。

ではガラスを拭く布の場合はどうだろう。わたしの拙（つたな）い経験からいえば、毛羽だちのない麻布にかぎる。大きさは、雑巾が掌にすっぽりおさまるのをよしとするならば、ガラス拭きにはその逆。指が直接触れないよう、長くて大きな布が絶好。布のうえから手を動かせば、最後まで手の脂や指紋がつかずにすむ。

布はつねに一方へ動かし、残っている汚れやくすみをこそげながら磨き上げるつもりでおこなう。ただなでるのでは意味をなさない。力の抜きかげんはガラスの薄さ厚さに応じて、指先で自在に調節する――とまあ、こんなところなのだが、露伴には「まだまだ。サルにも負ける」と一刀両断されるだろうか。

幸田露伴ならどのようにガラスのうつわを磨くのだろう。教えを請うてみたい。

ビニール袋

空気を出して、口を縛る

 コーヒーだけはだめなの。からだにこたえるからぜったいだめなのに、いまタマヨさんはマンデリンはミディアムローストがいちばんだの、キリマンジャロはタンザニアの豆に限るだの、しきりに講釈を垂れるようになった。ずいぶんな変身ぶりに驚いていたら、さいきん喫茶店の店主とつき合っているのだと、よそから聞いた。あのコーヒー嫌いはなんだったんだろう。ジムなんかばかばかしいと譲らなかった居酒屋の主人が、ちょっと見てよ、と作務衣の衿を広げ、胸の筋肉をぴくつかせてくれる。いやいいトレーナーに出会っちゃってさあ。思いきり得意げだ。あの運動嫌いはなんだったんだろう。
 あれはいったい、なんだったのかしら。でも、いちいち気にしていると身が持たない。
 へえ、ほお、まあ。素直に反応しているほうが疲れなくてすむ。
 わたしがいつだって無条件に感心するのはビニール袋です。ただの四角いそこいらの

ビニール袋だが、使うたび、あらまあ、毎度感心してしまう。figure体がどうにもでかくてさっきまで缶箱に行儀よく整列していた到来物のせんべい。図体がどうにもでかくてじゃまなので、中身だけ取り出してビニール袋に移し、きゅっと口を縛る。すると、さっきまでの容積は立ち消え、片手に収まってしまう。または、桐の化粧箱に詰め合わされた魚の粕漬け。ビニール袋に入れ替えて空気を追い出し、ぴちっと包み直せば文庫本二冊ぶんくらいにあっけなく縮小する。

だから、スーパーで買い物をした日には儀式が控えている。つい今しがた買ってきた肉やら魚やら、白い発泡スチロールのトレイとラップフィルムをべりべり剥がし、舞台衣裳を脱がしてはそそくさとビニール袋に入れ替える。すると、さっきまでの嵩張（かさば）りがうそのように消え、ぱんぱんだった風船が一気に萎む。

すごい。ビニール袋の鮮やかなお手並みに感嘆する。ただし、ビニール袋はずいぶん無慈悲である。飾りもごまかしもいっさいきかない、その中に入れられてしまえばただの中身。身もふたもない、あっけらかんとした実質本位はいっそ爽快である。

機能的なファスナーつきの保存袋もいいけれど、わたしの好みにはビニール袋がしっくりくるので、サイズ違いのビニール袋を大中小、三種類を揃えておき、自分に引き寄せて使いこなしている。

中身を出したら、捨ててしまうのだから、よけいな空気が入らないよう、口をぎゅっ

と締めて括ったその結び目を必死で解くのはまどろっこしい。結び目の下にはさみを入れてあっさり、ちょん切る。

れんこんややまいもを入れて、すりこぎでバシバシ叩く。いっさい外に飛び散らず、かたづけいらず。

魚のすり身を入れて縛り、隅を三角に切り落とす。鍋の上でぎゅうっと押し出せば、手も汚さず、きれいな摘入(つみれ)がすばやくできあがる。穴の開け方ひとつ、太さ細さは自由自在、極細の搾りだしもできる。

いかにもビニール袋を攻略している感じではあるまいか。「使いこなした」という逆転勝利感に浸れるところが、大満足である。

強火弱火
水分をどう残すか

「やだ、くすぐったいだけなんだけど」
弱火の上で、鍋が焦れている。
「乱暴はよして。うっとうしいんだけど」
強火の上で、鍋がむっとしている。
弱火と強火のあいだでおろおろ。「火加減」のむずかしさを、今さらながらに思い知る。そこへたたみかけて、まったく立場は違うというのに、弱火と強火は結託して同一見解をぶつけてくる——わかってないわね。
ますますへこむのだが、まあどちらさまも穏便にと愛想笑いをしながら、中火でごまかすことにする。するとそのうち、またひと騒動起きてしまう。
火加減は果敢にいきたい。なりゆきでズルズル、これがいちばんよくない。確信犯の勢いがあってこそ、鍋の中身もついてきてくれる。

まずは弱火、強火。両者の持ち味をちゃんと把握すれば、こちらの立ち位置もおのずと決まる。そこがぐらつくから、弱火にも強火にも、ひいては中火にまでバカにされちゃうんですよ。まず相手を知らなければ。

弱火は、むやみに火が弱ければいいわけではない。では、なんのために。じくじくゆっくり熱を通すのは、鍋のなかの水分をできるかぎり失わないように。

強火は、むやみにごうごう火が強ければいいわけではない。では、なんのために。勢いをつけて熱を通すのは、鍋やフライパンのなかの水分を一気に飛ばしてしまいたいから。

つまり、こういうことだ。両極端に位置していながら、弱火と強火を結ぶ共通項は水分や汁気の塩梅。いってみれば、両者の目的は水気や汁気をどう残すか、なくすか、この一点に集約されている。だから、弱火をあなどってはいけない。遠慮がちに見えるが、まるで獲物を静かに追い詰めるように、鍋のなかをじわりと攻めてゆく。いっぽうの強火、これはもうわかりやすい。景気のいい火のあと押しを受けて、たちまち水気は飛ぶし、油は跳ねる、醤油やみりんが香ばしく焦げる、とろっと煮詰まる、鍋のなかが大胆に変化を遂げる。

弱火、強火、どっちも果敢に攻撃を仕掛ける火なのです。そのぶん当然、結果にもメリハリが効いてくる。

ただし中火。これを軽んじてはいけない。中火は全方位方向といえば聞こえはいいが、攻めがない。だから、いつどんなときでも四方八方まるく収めておけば安心という逃げの姿勢をとりがちだ。

「これでいくぞ！」という意志と展望に欠けている。そろりそろり様子見の結果では、中庸な味になってしまう。中火といっても、ではどこが「中間」なのか。ひとによって、こっちからあっちまでの幅（許容範囲とか常識とか持てる力とか、そういうもの）はかなりちがうわけだから、「まんなか」の選定に差が出てくるのは当然である。後ろ向きであればあるほど、よけい中庸方向に転んでしまう。

強火と弱火、ふたつの攻撃のあいだで中火が広く守備を引き受ける。つまり、責任を与えられれば、中火もがぜん張り切る。

急須

理想の形を探す

「ソレハオマジナイデスカ?」
 イギリス人のイアンに問うてみると、こう言う。来日するたび不思議でしょうがないのです。日本人がお茶を淹れるとき、注ぐ前に急須をくるっと回すでしょう。でもイギリスのティは、ポットを揺らすと苦みや渋みが出てしまうからタブーです。注ぐ途中に上げたり下げたり、茶碗に順繰りに注ぎ回したり。あのアクションには、いかなる意味が隠されているのか。それともなにかのまじない?
 爆笑しかけて、ぎくり。日本人の身にすっかりしみついた所作だけに、しどろもどろになるが、どこかでちゃんとわかっている。急須のかたちひとつ、扱いようひとつ、キレのよしあしひとつ、お茶のおいしさはがらりと変わる。これはもう絶対に変わる。
 玉露をでかい急須で淹れれば湯ばかりたぷたぷして、茶葉がふっくら蒸されてくれないし、とろんとまるい甘みも出てこない。または、いくら濃さを均すためとはいえ、勢い

をつけて振り回してしまえば今度は苦くなる。または手入れが悪ければ、注ぎ口に茶葉の滓や茶渋が詰まるし、かといって陶器の急須を漂白剤に浸してしまえば、塩素がしこんでお茶の味をぶち壊す。つまり、どんなに高価な茶葉を買っても、急須がお茶の味を踏みにじる場合がある――。

そう教えてくれたのも急須だった。たとえば、茶葉入れの網かごをすぽっと嵌めこむタイプの急須を使ったとき。茶葉を入れる。湯を注ぐ。ふたをする。急須を傾けてお茶を淹れる……。色も香りも出ていない。

訝しんで急須のなかをのぞきこみ、わわっとのけぞった。

（茶葉が半分しか湯に浸ってない……）

急須の容量が大きいのに、網かごが浅すぎるから湯が茶葉まで届いていないのが原因だ。いつも急須になみなみ湯を満たすとは限らないから。

または、急須の注ぎ口の内側にある茶漉しの穴、あれだって大モンダイだ。穴の数が少なくて、おまけに小さければたちまち詰まる。いくら傾けてもお茶は外に流れてこない。

急須との相性がしっくり合わなければ、おいしいお茶にもありつけない。そこで気になるのが、常滑焼の急須である。巷の噂に「酸化鉄を多く含む常滑の土はタンニンと反応して渋みをほどよく和らげ、まろやかな味わいにする」。勢いこんで探してみたのだ

が、いざ目の前にしてみると、剣玉みたいなあの長い取っ手がすこし苦手だった。片手でしっかり握りこむにはどうやら微妙に自分の手が小さくて、そのうえ突き出た一本が狭い収納棚を圧迫した。

日本茶にも紅茶にもハーブティにも、なんにでも使えるオールマイティな急須がほしい。ジャパニーズスタイルの一本手の急須で紅茶を淹れるのは、さすがに違和感がある。たっぷり十年近く探して、ついに念願の急須を見つけた。

容量は番茶三杯分で大きさよし、取っ手はポット式で握り具合よし、キレよし、ふたが大きくて洗いやすさよし。茶葉の詰まりなし。どんなお茶にも違和感のないところもありがたかった。

気の合う急須には、すでにお茶の味を引き上げるおまじないのちからがあるように思う。

うつわのふた
りっぱな役割がある

ハルさんはニューヨークに住んで十六年め、ベテランの同時通訳である。久しぶりに帰国したのでいっしょにおいしい懐石料理を食べようという話になった。

さすが日本の和食は素材からして違うとハルさんはしきりに感嘆しながら健啖ぶりをみせ、向付、お椀と進んだ。汁を啜りおえて貝の真薯のお椀のふたを私が閉じたそのとき。

隣で膝を打ち、ハルさんはやおらふたを閉めた。なんなのやぶからぼうに。訝しむと、苦笑いしながら言うのである。

「そうかあ、そっちだったか」

「ヨウコさんがふたをするのを待ってたの。真似しようと思って。だって、ふたは上向きか下向きか、閉じるときどっちが正しいか長年の謎だったのだもの」

ふたの内側を上向きにして被せれば、いかにも「終わりました」の合図みたいでわか

りやすいと思っていたけれど、でもやっぱり違ってたのねと言う。インターナショナルなプロトコルに精通しているハルさんも、和食となればにわかにまごつくとみえる。
「だって、お椀を開けたときからして、ふたの置き場所に自信がない」
右手で開けるなら自然に右奥あたり、じゃまにならない場所でいいみたいよ。そう答えると身を乗り出し、じゃあその場合も上向きなの、下向きにしてお盆みたいなアレの縁に掛けたりしないのと矢継ぎばやの質問を浴びせるのだった。
長年の外国暮らしでなくとも、たしかにふたの扱いはそれなりにめんどうだ。たとえ日本で暮らしていても、家庭の食卓でふたつきのお椀や折敷を使うことはそうあるものではない。まして「ふたの正しい扱い」ともなれば。
ふたがひと働きするのが、じつは丼ものである。たとえば天丼、うな丼、親子丼。庶民の味方、ざっかけない丼ものはふたで最後のおいしさが決まる。ごはんを丼によそい、海老の天ぷらやらかき揚げやらのせ、たれを回しかけ、そこへふたを被せる。二十秒、三十秒。客の前へ運ばれるまで、こもった熱い蒸気で内側がちょうどいい塩梅にじわあっと蒸らされる。つまり、丼ぜんたいがしっくりひとつにまとまるのだ。ふたは、「蒸らし道具」としてのりっぱな役割を担っており、さらには上向いて置けば、当座の海老の尻尾入れにもなってくれる。
さらには、ふたは「うつわ」にもなります。

食器棚のなかに五客揃いのふたつきの漆の椀があるのだが、買おうとしたとき私は迷いに迷った。ふたつきなんて大仰ではないかしら。そもそも丼もの以外に、ふたをして食卓に並べる料理を家でつくるだろうか。

否。くやしいが買うのは断念だ。

（ちょっと待った！）

未練がましく店を去った二日後。もうひとりの自分がつぶやいた。

（もしかしたら、ふただってうつわとして使っていいのじゃあないか）

思いきりよく、いっそばらばらに使ってみてはどうだろう。ふたの用途は無限に広がるのではないか。

自信もついて独立独歩、食器棚のなかで長年くすぶっていた手持ちのふたまでぴかぴか輝きはじめた。あとは使い手の裁量ひとつ、腰の据わった見立てならば、和のうつわはある意味なんでもありである。

日本酒を注ぎ合いながらそんな「ふたの出世話」を披露したら、ハルさんはため息をついた。

「あいまいなぶんおもしろくもあり、やっかいでもあるのよね日本文化というものは」

お重

フードコンテナーの殿様

「重箱の隅をつつくみたいな言いかた、しないでくださいよ」そう言われると、こっちがばつの悪い気分を味わう。「重箱の隅をつつく」と言われれば、相手の側に幅が出て、こっちが勝手にひとりずもうをしている構図になってしまい、「あら狭量だったかしら」。ひそかに反省するはめに陥ったりする。

それは、重箱という言葉のせいだ。重箱は、中身が入っていてもいなくても、悠々としてたっぷり感がある。すでに余裕があるのだ。

重箱はそもそも食べものを詰めて持ち運ぶための道具だった。江戸時代は、りっぱな蒔絵の重箱にご馳走を詰めて豪商が花見に興じたり、武将が狩りの遠出に携えたりもした。何段も積み重ねれば、そのぶん贅沢の誇示にもなる。だからかしら、重箱にはそんなつもりはなくても、相手をたじたじとさせてしまうところがある。結果、敬遠されがち。

わたしもおなじだった。こどものころ重箱と対面するのは、決まって春と新年だった。春は雛祭りのちらし寿司。新年はおせち。そのあいだに祝いごとがあれば、お赤飯。どのみち重箱が棚の奥からうやうやしく取り出されれば、あたりには粛々とした空気が生まれた。

重箱の存在感は圧倒的で、その四角い緊張感はしだいに家のなかに伝播し、高揚させる。春さきの雛祭りの気分。めでたい正月の気分。お祝いのうれしい気分。漆の光沢ともあいまって、家のなかにいつもと違う空気がぴんと漲った。

つまり重箱は非日常の主役なのだった。

けれども、いまだ殿にひれ伏しっぱなしではちょっとくやしい。どうにか重箱との距離を縮めたいし、できればなかよくなってみたい。にじり寄るタイミングを狙いつづけて数年め。あれは会津の山あいの家だった。おじゃまするなり、おばあちゃんが重そうに二段重を運んできて置いた。

「お茶請けにあがってって。ちょうど昨日たんとつくったもんでね」

ふたを開けると、一段めはあんころ餅、二段めはきなこ餅。会津塗りの重箱のなかでのんびり肩を並べていた。

なるほど、重箱は機能的な収納箱なのだ。餅菓子やおはぎ、和菓子、寿司……冷蔵庫に入れれば硬くなる。ところが漆の重箱を使えば乾燥せず、しかも容量たっぷり。年季

の入った重箱のふだん使いに、目を開かされた。
いったん垣根がはずれると、だんだん遠慮がいらなくなる。和菓子どころか、サンドウィッチにもぴったり。ふたを閉めればパンが乾かない必要もない。重箱はむだを省く道具にもなる。たとえば鮨を注文するとき、ラップをかける必要もない。重箱はむだを省く道具にもなる。たとえば鮨を注文するとき、重箱を風呂敷で包んで鮨屋に持っていき、そのまま預けて盛りこんでもらったりもできる。発見はまだある。お客のあるとき、重箱の活躍ぶりは手を合わせて拝みたくなるほどありがたい。出したいものをあれこれ盛りこんでおけば、あとは出すだけ、いっさい手間いらず。ようするにほら、おせちスタイルです。しかも和洋を問わない。チーズでもオリーブでもチョコレートでも、なんでも。

ただの四角い箱と思えばいい。ここまで来るのにほんとうに長かった。

しかし、ほんとうに圧倒されるのはその先だ。ふだんいなり寿司やらだんごやら気の抜けたものばかり詰めていても、おせち、ちらし寿司、赤飯、いざというとき重箱は一座の主役を張る。なにかこう、殿様のようにどおんとするから感嘆させられる。

冷蔵庫

スローガンは「スカスカ」

その四角い箱はブラックホールに通じている。そうでなければ、なぜ、一万光年の彼方に消え失せていたはずのチーズのかけらや奈良漬けが、ある日突然すがたを現すのだろう。

または、こっそり隠し持っていたとっておきのからすみ、惜しくてたまらなかった雲丹、いくら捜索しても行方が知れないのはどうしたわけだろう。もったいなさすぎて棚の隅っこに奉っていた上海土産の金華ハムがいつのまにか微妙に変色しているのは理不尽ではないか。

あの四角い箱がまちがいなくブラックホールの入りぐちだからなのだ。そんな恐ろしい出来事が平気で起こるのは。

けれども、合点のいかない珍事にこれ以上つきあうのは御免被る。だいいち、いつか自分自身があのブラックホールにすぽっと吸いこまれてしまわない保証はどこにもない。

心機一転、いいかげん巻き返しにかからなければ。
——十五年ぶり、冷蔵庫が新しくなった。朝っぱらから暑苦しい八月初めのことである。
　その日を思いだすと、頭痛がする。選手交代にともない、旧型の大掃除にかかった。すると、行方知れずだったはずのからすみや雲丹がひょっこりすがたを現すわ、ないはずのジャムの瓶がなぜか現れるわ、ブラックホールから奇跡の生還、続々。屈辱と後悔と反省と、ようするにうしろ向きのフレーズのオンパレードで開き直るには現実が厳しすぎ、人間やめたくなりました。しかし、ここで挫折してはもっとくやしい。
　選手交代したのは幅わずか六十センチ、なのに容量三九五リットルのスグレもの。容量をおおきくする手もあったが、いいや、またぞろブラックホールに育ってしまわないとも限らない。コンパクトに、シンプルに、できるなら荷物を抱えこまず、この先もっと身軽にいきたい、台所も。
　だから、スローガンはこれだ。
「スカスカ」
　少し中身を移動させるだけで、すーっと棚を拭いて掃除ができる——なにしろこれが長年の夢だった。いまこそ実現のときではないか。
　上段は調味料。中段は保存のおかず。下段は味噌やヨーグルト、チーズ、梅干しなど

毎日の必需品。それぞれ居場所を定め、一定以上のものは入れない、買わない。これでいく。

それから二か月が過ぎた。でかい箱をすっかり新しくした効果はさすが絶大である。これで買ったら、食べる。

食べてから、買う。

ただし、保存のちいさなおかずは三種類か四種類、いつでも目の位置に見える中段に並べておく。それを、忙しいときや台所に立つのがめんどうなとき頼ってこころ強い援軍にする。なんということもない「決めごと」なのだが、四角い箱のなかにさっぱりとした空気が通ってせいせいとする。ようやく手にした風通しのよさに、ほっとひと心地がついた。けれども、わたしはうすうす知っている。ちょっと気を抜けば、ブラックホールは再びすがたを現す。

「お呼びですかあ。いつでも異次元の世界にお連れしますよう」

その証拠に、ふと野菜室の奥をのぞいたら、とっくの昔に使い終えたと思っていたしその葉っぱがへろんと情けなさそうに顔をのぞかせている。

ごみ

可燃と不燃のはざま

ついさっきまでは一個のりんごだったのに……。

皮をむいた瞬間、それはごみと呼ばれる。ほんの三十秒まえはりっぱなりんごの一部だったのに、むりやり引き剝がされたとたん、異議申し立ての猶予も与えられないまま、ごみ。ジェットコースターに乗ったような急展開だ。容赦なく皮をむいたのはこの自分なのに、申しわけない思いに駆られ、にょろにょろへたりこんでいる赤い皮を見つめる。全体をなしていたときは、ごみではなかった。喜ばれたり、貴重だったり、うれしがられたり、ことによってはぎゅっと抱きしめられたりしたこともあるだろう。ところが、あるとき一部にさせられ、ぴしゃりと打ち捨てられる。ごみとなって悲哀を背負わせられるのが不憫である。

ところが、どうやら事態はもっと混迷しているようなのだ。たとえば東京・杉並区では区役所からこんな通達が舞いこんだ。

【プラスチック類が「資源ごみ」から「可燃ごみ」になります。資源になる「プラマーク」がついているプラスチック製品でも、汚れていたり油がついていたりするものは、「可燃ごみ」に出してください】

えっ。動揺して目が泳ぐ。「資源ごみ」に出すつもりだったこのプラスチックの仕切りトレイ。自己判断を迫られて、じっと見つめる。

または、こういうの。

【ゴム・皮革製品については「可燃ごみ」になります】

えっ。これまで長年、靴とかバッグとか皮革は「不燃ごみ」に分別しろって言われてきたのに。「今日から燃やせます」という。

焼却炉の種類や規模が違えば、「可燃ごみ」と「不燃ごみ」の線引きも違ってくるらしいのだが、そこのところを詳細に説明してくれないと、昨日までだめだったものが、今日から突然だめじゃなくなるので頭がついてゆかない。

なににしても、結局はできるだけごみを出さない、これに尽きる。

買い物をした先で、いちいち包んでもらわない。レジ袋は使わない。包装紙や紙袋もできるだけ利用しない。たったこれだけでも、ごみの嵩はずいぶん減る。昨今は「エコバッグ」などと呼ぶけれど、「エコ」と構えなくても、自分で自分の買い物かごや袋を持てば、それですむ。少なくとも、つい数十年まえまではそうだった。

着古したTシャツやシーツと、タオルは小さく切って雑巾にする。あれこれ工夫しているつもりなのだが、それでもやっぱりごみは出る。収集日ごと、ふくらんだごみ袋を眺めて自分の無力ぶりに、嘆息してしまう。

しばらくまえ、ついに画面が映らなくなったテレビを買い換えた。

「古い製品を捨てる場合、引き取りに四千五百円かかります」

家電製品を買うのは久しぶりだったから、レジでおどろいた。そうか、ごみにもお金はかかるのだ

かつてごみではなかったものを、諸般の事情で泣く泣くごみにしてしまうのはやっぱり気がひける。ならばその先を行こう。

「この野菜、コンポストでつくった肥料で育てたの。けっこういい味」

友だちに聞くと、がぜんヤル気になる。一発大逆転、ごみがごみでなくなる法はきっとたくさんあるはずだ。あわてて、さっき捨てかけたレモンの皮でシンクを磨いてみたりする。

新聞紙

そそくさとは捨てられない

「ワイン持ってきましたよ。ちょっといい赤、ブルゴーニュの」
 晩ごはんを食べにきたオザワくんが玄関で靴を脱ぎながら、長細い包みを差し出してきた。くるっと新聞紙で巻いて包んである。ずいぶん皺だらけなのは、わざと新聞紙をくしゃくしゃに丸めてからボトルを巻いたからだ。割れないように、新聞紙がちゃんとクッションに仕立ててある。
「おしゃれな英字新聞で包んであるのかと思った」
「そんなのかっこわるいじゃないですか。でも俳壇・歌壇のページにしておきました」
「なんとこしゃくな」
 軽口を叩きながら、感心していた。靴磨きや洗車も得意なオザワくん、さすがものの扱いに手慣れている。出がけにぱぱっと手近な新聞紙から抜き取った数枚でくるみ、そのまま小脇に抱えた様子が目に浮かぶ。男っぽいな。新聞紙一枚にぐっと反応する。

かんがえてみると、男のひとが新聞紙をおおきく広げ、足なんか組んで、いかにも泰然自若とした様子で新聞を読むすがたにはちょっとじゃまのできない雰囲気がある。そして読み終わったあとの新聞を床に置き、かがみこんでぱちんぱちん、のんきに足の爪を切る風情も捨てがたい。

うっかり横道に逸れた。新聞紙は、読むだけでおしまいではありませんという話である。たとえば細く千切って玄関にばらまき、水を打ってから箒で掃き集めると、埃も立たずにきれいに掃除ができる。窓ガラス拭きも、新聞紙は得意中の得意だ。ざっと水で濡らしてから窓ガラスを拭くと、インクの油分が功を奏してつるつるぴかぴか。新聞紙はすごいなあ。マフラーを巻いた首をすくめて白い息を吐きながら、母から手渡された小銭を握りしめ、焼きいも屋に追いついた。

「焼きいも、ひとつください」

おじさんの軍手のまっ黒な指先が動き、取り出した焼きいもがすばやく新聞紙でくるまれる。小銭と交換して受け取ると、内側から伝わるほんのりしたぬくもり。来た道を戻りながら、ぬくもりはしだいに強くなり、玄関に入るころにはじわっと熱い。いつのまにか新聞紙はしっとり湿っており、内側の焼きいもとも、外側の掌とも馴じみ合っている。最初はかさこそ乾いていたのに。

薄くて軽い。なのにずいぶん強い。逆さに読んでも、しんぶんし。一年三百六十五日雨ニモ負ケズ風ニモ負ケズ、着々淡々と暦を重ねてゆく新聞紙は、さすが筋金入りの強靭さ。それを我がもののように従えて悠々と広げてみせれば、どんなお父さんでも虎の威を借る狐、いや一丁前に男ぶりが上がるのは当然のことだろう。

だから、新聞紙はそそくさとは捨てられない。いつか大事な記事を読み直したいから、と部屋のすみに数年分の新聞紙を山積みにしている知人がいるけれど、それとは違う。読むのではない。使うのである。

ことに台所での頼りがいはすばらしい。牛乳パックのなかに畳んで入れ、油を捨てるときの吸収材にする。揚げものや天ぷらのとき、「あー貧乏くさい」と舌打ちしながらも、惜しげがないから油切りにどしどし使う。魚を下ろすときは新聞紙を重ねて広げておけば臭いもつかず、始末もよい。ごぼう、にんじん、じゃがいも、白菜……くるりと包むだけで乾燥せず、適度な湿気に守られて日持ちのいいこと。

ああそうだった、と思い出す。野宿のとき、いちばんの保温道具は新聞紙だという。じっさい野宿したことはないけれど、その間違いのない使い心地に太鼓判を押したくなる。

食器の数
敵はわがこころのなかにあり

「やっぱり持ちたいのは応量器です」という理想は引っこめておきたい。ちなみに応量器は禅宗の僧が使う塗椀で、おなじかたちの大小が入れ子になっている。つまり、全部をひとつに収納できる優れもので、日々の食事のすべてを賄えるというもの。

しかし、その境地に到達するまでが一大事である。きれいさっぱり、容量違いの食器がたった五つ……憧れてしまう。わたしにも、いつか煩悩から解放される日が訪れるのだろうか。いや、永遠に食器の大山小山を背負って暮らすのではないか。そんな予感に脅えるので、あっさりと「応量器」を持ちだしづらい。

さて、食器の数をかんがえるとき、立ちはだかる命題がある。

「いるのか、いらないのか」
「いるなら、その数は」

ごく単純な話なのだが、しかしハードルは高い。つまずくと食器の数だけ無用に増え

てますます状況は混迷してしまう。
いるのか、いらないのか。この命題に取り組むとき、まずわたしは、スタート地点をここに置く。

「飯椀、汁椀、六寸皿。この三つさえ人数分あれば兼ねられる」

汁椀は小丼にも小鉢にも代用できる。六寸皿は直径約十八センチ、たいていのおかずが盛れる。新しく家庭を持つからゼロから揃え直してスタートしたいというときにも、まずは「この三種類を人数分」と提案するしだいしたい。

すると、遠慮がちに聞いてくるひとがあった。

（あのう、数はきっちり人数分でいいのでしょうか）

もしお客が来たら。もし将来こどもが増えたら。そういうときのために、多めに揃えておかないと、あとであわてませんか。

しかし、お客など、いつ何人来るかわからない。人生設計だって思惑通りには進まない。転ばぬ先の杖を持つなら、せいぜい「人数分＋1」または予算と収納状況に合わせて、「人数分＋2」。準備というより、うっかり割れたり破損したりしたときの補充分とかんがえれば、気がらくになるのではないか。

衝動の赴くまま買い集めていると、かくじつに食器棚は破綻する。たくさん持っていても日常的に使う食器はだいたいおなじで、洋服の状況と似てますね。あれこれ持って

いても、袖を通す服は決まってしまうものだから。

けっきょく、取捨選択の基準をつけられるのは自分しかいないのだ。うどんやそばに目がないとくれば、やっぱり丼鉢がいるだろう。お客がしじゅう集まるなら、ちまちま酒肴を並べた晩酌が生き甲斐となれば、小皿や豆皿が欠かせない。どかんと盛れる大皿がやっぱり便利だ。食器の種類と数は、ようするに自分の食卓と暮らしぶりの鏡にほかならない。

その意味では、わたしはごはんを食べない、というひとに飯椀は無用の長物である。だから、れいの三種類が揃っていなくても、恥ずかしいわけでも、引け目をかんじる必要があるわけでもない。食器の種類と数に理想などないのだから。

ただ、むだは省きたいから、自分の筋道はそれなりにつけてみたい。振り返ってみればこの三十数年、ずいぶん食器を整理してきた。おおくはよそにもらわれていったが、元気にやっているのだろうか。それでもやっぱりあらたな出合いがあればつい手が伸びたりもして、食器棚の内実は早朝の通勤電車のラッシュ並みである。

敵はわがこころのなかにあり。行く手を阻むのは、ほかでもない「愛着」と「執着」。食器とはいえ、けっきょくは自分自身との戦いなのだった。やはり応量器など夢のまた夢のようである。

日常の贅沢について

いいのかなあこんな贅沢しちゃって。

こっそり胸のうちでつぶやくとき、さらに贅沢の深度は掘り下げられる。贅沢の兆しを見つけ、逃すまいと握って自分に向けて差し出す。贅沢というものは、摑まえたり膨らませたり、つまりつくりだすもののようである。

今日もそうだった。気に入りの靴のソールがすり減ってしまい、この二カ月ほど直してもらいに行かなければと気にかかりながら仕事が立てこんで、わざわざ電車を乗り継いで店に出かける時間が見つからなかった。しかし、忙しさを理由にいじいじしているのが嫌になり、雑事を振り切って出かけることにした。ところが駅に着いて歩きはじめると、梅雨の晴れ間のすこーんと抜けた青空をまっ白な綿雲が心地よさげにたくさん泳いでおり、靴を入れた袋をぶら提げて眺めながら、ひとり沸いた。いいのかなあこんな贅沢しちゃって。靴を修理してもらうためだけに平日の昼下がり、すきな町に降り立っ

て歩いている。そうしたら、いつのまにか手持ちの時間が贅沢なものにすり替わっているのだった。

たとえばそんな気分の一端を「鰻にでもする?」の表題にこめた。いましも贅沢を手に入れるときの晴れやかさ、享受するまぎわの興奮、控えめなのにじつは果敢で誇らしげ、さまざまに明るい空気がこの言いようにはこもっている。好もしい日常の言葉だなあと思う。こういう些細なよろこびの堆積が日常の土台ではないか。ちいさなことにくよくよしても、いいのかなあこんな贅沢しちゃって、と折々につぶやいていればなんとかなる、どうにか生きていけると思うのだ、本気で。

鰻の蒲焼きとか、旅先のカップ酒とか、トーストの焼き網とか、いちいちおおいに反応してよろこんでいる。なんだかな、ずいぶんわたしおめでたいなあ、と思う。でも、それでいいじゃないか、長いか短いかわからないジンセイそんなふうでどうにかなるんじゃないか、とも思う。二〇〇二年にはじまった「dancyu」の連載エッセイが、神田久幸さん、渡辺菜々緒さんから杉下春子さんに引き継がれて担当編集者の方々に支えられながら百回を超えた。現編集長、町田成一さんにも心から感謝を申し上げたい。また、各回のテーマを的確に写真表現してくださる日置武晴さん、画を添えてくださっている吉富貴子さんにも、あらためて敬意を表したい。単行本化にあたっては、グラフィックデザイナー有山達也さん、「筑摩書房」鶴見智佳子さんにたいへんお世話になっ

た。さまざまな方々のお力があって前作『買えない味』の続編が生まれた。ありがとうございました。

鰻がとびきりおいしい季節に

著者

解説 勝手に弟子入り!?

室井滋

お台所の達人・平松洋子さんの『買えない味2 はっとする味』を読むや否や、ちょっと試してみなきゃと思ったのが〝ミント技〟です。

実は私、ミントの香りの大ファンでありまして、普段よりコロンもシャンプーも歯ミガキ粉もミント系をチョイスし、さらにここのところ〝カプセルつぶせば、天然ミントの氷冷感。〟が売りのタバコLARK ICE MINTにまで手を出し始めている始末。

今さら喫煙を復活させたいわけではないのに、あのスカッと鼻に清涼感が抜けるカンジがたまらなく、再び〝ニコチン・ラブ〟になりかけておりました。

「そうか、直に鼻の穴の中に突っ込むっていう手があるんだぁ」

こりゃあ凄いとスーパーにミントを買いに走り、その路地裏で人目を忍んでさっそくチャレンジ！

ああ、平松さん、ありがとう。疲れてどんよりくぐもった私の眼が、「キタ〜ッ」と

ばかりに開く。久し振りに遠くも近くもスッキリ見えまくるのでありました。私はすぐさま未経験の"ミントジュレップ"をBARで注文したり、慣れぬ手つきで"ミントのピラフ"にも挑戦したりしました。

いえいえそればかりではありません、他にも油揚げにブルーチーズをたっぷり入れて焙ったり、胡椒をペンチで砕いてみたり、ミキサーでとろとろスムージーを作ってみたり。

「へぇ、本当!?」と驚き、「そうそう」と頷き、「キャ〜、もう一度」と好奇心をそそられ、とうとう「自分で勝手に平松さんに弟子入りしてるんだわぁ」と気がついた次第です。

それにしても、読み進むにつれて、このような繊細な食や家事へのこだわりを持つ達人はどのようにして誕生するものなのだろうという興味が、フッと湧きはじめます。あの感性がそうそう簡単に生まれるはずがないと呟くうちに、本書にはチラチラと平松さんの子供時代が登場するんです。

もしかしたら平松さん、お母さまのお若い頃にそっくりなのではないかしら。出前というものでチャッチャと済ませることは決してしてなく、鰻でさえも自宅で仕立てる。そうめんや冷や麦には氷をケチるなと釘を刺し、旅先で昼酒を舐める夫に「なあに昼間から」とチクリ促す。……そんなお母さま。

御両親を振り返って「正しい側」と「だめな側」なる論を展開されておられるが、昼間っから公園のベンチでカップ酒を楽しみつつも、その根っこにはしっかりお母さまのキリリとした姿勢が根づいてらっしゃる御様子。新聞紙を利用して玄関掃除や窓ガラス拭きに、レモンの皮のシンク磨き、ガラスの器やグラスの扱いなどは、自然に学ばれたに違いないと想像します。

そして、さらにもう一つ！

『はっとする味』の中でさかんにおっしゃっているのが、"荷物を抱えこまず、シンプルに。あくまでも身軽に行きたい"というフレーズです。

私にはこれらの言葉、チクリと胸に刺さりました。

もしかしたら、ある年代にさしかかってくると、女性は誰もが似たような心境になるのかもしれませんが、平松さんが素晴らしいのは、それを何年かけてでも実践しようとなさるところだと思います。

その潔さと情熱がまさにお母さまゆずりなんでしょうね。

本書の中で"こうあるべき"というお手本は、北京在住の老婦人を例にとって紹介されています。

凄いですねぇ。あの中華鍋！

たったひとつの鍋で見事四品なんて、私なぞ台所に立とうが一度たりとも考えたこと

ないですもの。

ああ、恥ずかしながら告白しますと、我が家には冷蔵庫が三台と業務用ミニ冷凍庫が一台あります。うちは大人二名と猫五匹の所帯なので、これはどう考えても過剰です。

しかし、食いしん坊とのレッテルが貼られてしまっている私の所へのお中元お歳暮の類は99％が食べ物なんです。いえ、本当にありがたいことです。この夏なんか、夕張メロンが何故かダブリまくって二十八個も届きました。贅沢きわまりない、罰があたります。……でも、さすがに二十八個のメロンを短期間に二人で食べ切ることはできません。私も平松さん同様、自転車にまたがり、"おすそわけ"に走りまわる毎日です。（ある冬などはリンゴ十数箱を、上野動物園にかけあって、象のスーリヤちゃんにプレゼントしたこともありました。勿論、象に食べてもらった方には口が裂けても言えませんけど……）

そんな理由で冷蔵庫三台の冷凍庫一台なのですが、うちもすぐにブラックホールができてしまうんです。

怖いですよ。ドラマの撮影から帰って、真夜中にブラックホールから救出した古いアイスクリームを貪る私の姿。愛猫すら嫌がって、この時の私には絶対に近づかないんですもの。

ああ、まさにおっしゃる通りです。

"家電を減らして、少しずつ簡素化を!"

"食器の種類と数は、ようするに自分の食卓と暮らしぶりの鏡にほかならない"

キュートな形状のオーブントースターをデパートで見かけるたびワクワクしてしまう自分を戒め、私も洋子様を見習って"焼き網派"で行こうと思います。

そして、雑事に追われてついつい工夫することを忘れがちにならぬよう、『はっとする味』は台所の一番目立つ場所に収めましょう。

今さら人に聞けないことを、これからはこの本が私にさりげなく教えてくれることと思います。

本書は二〇一〇年八月、弊社より刊行された『鰻にでもする?』を改題したものである。

書名	著者	紹介
整体入門	野口晴哉	日本の東洋医学を代表する著者による初心者向け野口整体のポイント。体の偏りを正す基本の「活元運動」から目的別の運動まで。（伊藤桂一）
風邪の効用	野口晴哉	風邪は自然の健康法である。風邪をうまく経過すれば体の偏りを修復できる。風邪を通して人間の心と体を見つめた、著者代表作。（伊藤桂一）
体癖	野口晴哉	整体の基礎的な体の見方、「体癖」とは？　人間の体をその構造や感受性の方向によって、12種類に分ける。それぞれの個性を活かす方法とは？（加藤尚宏）
東洋医学セルフケア365日	片山洋次郎	「整体」は体の歪みの矯正ではなく、歪みを活かしてのびのびした生命にする。老いや病もプラスにもなる。滔々と流れる健康観。よしもとばなな氏絶賛！
身体能力を高める「和の所作」	長谷川淨潤	風邪、肩凝り、腹痛など体の不調を自分でケアできる方法満載。整体、ヨガ、自然療法等に基づく呼吸法、運動等で心身が変わる。索引付。必携！
はじめての気功	安田 登	なぜ能楽師は80歳になっても颯爽と舞うことができるのか？「すり足」「新聞パンチ」等のワークで大腰筋を鍛え集中力をつける。（内田樹）
居ごこちのよい旅	天野泰司	気功をすると、心と体のゆとりができる。何かがふっと楽になる。のびのびとした人のための気功入門。（鎌田東二）
わたしが輝くオージャスの秘密	松浦弥太郎	マンハッタン、ヒロ、バークレー、台北……匂いや気配で道を探し、自分だけの地図を描くように歩いてみよう。12の街への旅エッセイ。（若木信吾）
あたらしい自分になる本 増補版	若木信吾写真 服部みれい 蓮村誠監修	インドの健康法アーユルヴェーダでオージャスとは生命エネルギーのこと。オージャスを増やして元気で魅力的な自分になろう。モテる！願いが叶う！
	服部みれい	著者の代表作。心と体が生まれ変わる知恵の数々。文庫化にあたり新たな知恵を追加。冷えとり、アーユルヴェーダ、ホ・オポノポノetc.（辛酸なめ子）

書名	著者	紹介文
味覚日乗	辰巳芳子	春夏秋冬、季節ごとの恵み香り立つ料理歳時記。日々のあたりまえの食事を、名文章で綴る。(藤田千恵子)
諸国空想料理店	高山なおみ	注目の料理人の第一エッセイ集。世界各地で出会った料理を空想力を発揮して作ったレシピに、しもとばななetc.氏も絶賛。(南椌椌)
ちゃんと食べてる？	有元葉子	元気に豊かに生きるための料理とは？　食材や道具の選び方、おいしさを引き出すコツなど、著者の台所の哲学がぎゅっとつまった一冊。(高橋みどり)
買えない味	平松洋子	一晩寝かしたお芋の煮ころがし、土瓶で淹れた番茶、風にあてた干し豚の滋味……日常の中にこそあるおいしさを綴ったエッセイ集。(中島京子)
くいしんぼう	高橋みどり	高望みはしない。ゆでた野菜を盛るくらい。でもごはんはちゃんと炊く。料理する、食べる、それを繰り返す、読んでおいしい生活の基本。(高山なおみ)
色を奏でる	志村ふくみ 井上隆雄・写真文	色と糸と織――それぞれに思いを深めて織り続ける染織家にして人間国宝の著者の、エッセイと鮮やかな写真が織りなす豊穣な世界。オールカラー。
平成のカフェ飯昭和の洋食	阿古真理	小津安二郎「お茶漬の味」から漫画「きのう何食べた？」まで、家庭料理はどのように描かれたか。食と家族と社会の変化を読み解く。(上野千鶴子)
なんたってドーナツ	早川茉莉編	貧しかった時代の手作りおやつ、日曜学校で出合った素敵なお菓子、毎朝宿泊客にドーナツを配るホテル……哲学させる穴……。文庫オリジナル。
玉子ふわふわ	早川茉莉編	国民的な食材の玉子、むきむきで抱きしめたい！森茉莉、武田百合子、吉田健一、山本精一、宇江佐真理ら37人が綴る玉子にまつわる悲喜こもごも。
暮しの老いじたく	南和子	老いは突然、坂道を転げ落ちるようにやってくる。そのとき困ってあわてないために今、何ができるか。道具選びや住居など、具体的な50の提案。

品切れの際はご容赦ください

書名	著者	紹介
尾崎翠集成（上・下）	尾崎翠／中野翠編	鮮烈な作品を残し、若き日に音信を絶った謎の作家・尾崎翠。時間と共に新たな輝きを加えてゆくその文学世界を集成する。
クラクラ日記	坂口三千代	戦後文壇を華やかに彩った無頼派の雄・坂口安吾との、嵐のような生活を妻の座から愛と悲しみをもって描く回想記。巻末エッセイ＝松本清張。
貧乏サヴァラン	森茉莉／早川暢子編	オムレット、ボルドオ風茸料理、野菜の牛酪煮……食いしん坊茉莉は料理自慢。香り豊かなことばで綴られる垂涎の食エッセイ。文庫オリジナル。
紅茶と薔薇の日々	森茉莉／早川暢子編	天皇陛下のお菓子に洋食店の味、庭に実る木苺……食いしん坊茉莉の食いしん坊、森鷗外の娘にして無類の食いしん坊、懐かしくて愛おしい美味の世界。
ことばの食卓	武田百合子／野中ユリ・画	なにげない日常の光景やキャラメル、枇杷などの、食べものに関する昔の記憶と思い出を感性豊かな文章で綴ったエッセイ集。　　　（種村季弘）
遊覧日記	武田百合子／野中ユリ・写真	行きたい所へ行きたい時に、つれづれに出かけてゆく。一人で。または二人で。あちらこちらを遊覧しながら綴った行楽エッセイ集。（巖谷國士）
私はそうは思わない	佐野洋子	新聞記者から下着デザイナーへ。斬新で夢のある下着を世に送り出し、下着ブームを巻き起こした女性起業家の悲喜こもごも。（近代ナリコ）
わたしは驢馬に乗って下着をうりにゆきたい	鴨居羊子	佐野洋子は過激だ。ふつうの人が思うようには思わない。大胆で率直な発言をいったまっすぐな発言が気持いい。だから読後が気持いい。（群ようこ）
神も仏もありませぬ	佐野洋子	還暦――「もう人生おりたかった」。意味なく生きても人生の蕗の薹に感動する自分がいる。意味なく生きても人は幸せなのだ。第3回小林秀雄賞受賞。（長嶋康郎）
老いの楽しみ	沢村貞子	八十歳を過ぎ、女優引退を決めた著者が、日々の思いをさからわず、「なみ」に、気楽にと過ごす時間に楽しみを見出す。（山崎洋子）

書名	著者	内容
遠い朝の本たち	須賀敦子	一人の少女が成長する過程で出会い、愛しんだ文学作品の数々を、記憶に深く残る人びとの想い出とともに描くエッセイ。
おいしいおはなし	高峰秀子編	向田邦子、幸田文、山田風太郎……著名人23人の美味なる思い出。文学や芸術にも造詣が深かった往年の大女優・高峰秀子が厳選した珠玉のアンソロジー。〈末盛千枝子〉
るきさん	高野文子	のんびりしていてマイペース、だけどどっかヘンテコな、るきさんの日常生活って……？ 独特な色使いが光るオールカラー。ポケットに一冊どうぞ。
それなりに生きている	群ようこ	日当たりの良い場所を目指して仲間を蹴落とすカメ、迷子札をつけているネコ、自己管理している犬。文庫化に際し、二篇を追加して贈る動物エッセイ。
うつくしく、やさしく、おろかなり	杉浦日向子	生きることを楽しもうとしていた江戸人たち。彼らの紡ぎ出した文化にとことん惚れ込んだ著者がその思いの丈を綴った最後のラブレター。〈松田哲夫〉
ねにもつタイプ	岸本佐知子	何となく気になることにこだわる、ねにもつ。思索、奇想、妄想はばたく脳内ワールドをリズミカルな名短文でつづる。第23回講談社エッセイ賞受賞。
回転ドアは、順番に	東直子 穂村弘	ある春の日に出会い、そして別れる人ふたりが、見つめ合い呼吸をはかりつつ投げ合う、スリリングな恋愛問答歌。〈金原瑞人〉
絶叫委員会	穂村弘	町には、偶然生まれては消えてゆく無数の詩が溢れている。不合理でナンセンスで真剣だからこそ可笑しい。天使的な言葉たちへの考察。〈南伸坊〉
杏のふむふむ	杏	連続テレビ小説「ごちそうさん」で国民的な女優となった杏が、それまでの人生と人との出会いをテーマに描いたエッセイ集。〈村上春樹〉
月刊佐藤純子	佐藤ジュンコ	注目のイラストレーター（元書店員）のマンガエッセイが大増量してしての文庫化！ 仙台の街や友人との日常を描く独特のゆるふわ感はクセになる！

品切れの際はご容赦ください

私の幸福論　福田恆存

この世は不平等だ。何と言おうと！ しかしあなたは幸福にならなければ……。平易な言葉で生きることの意味を説く刺激的な書。(中野翠)

生きるかなしみ　山田太一編

人は誰でも心の奥に、様々なかなしみを抱きながら生きている。「生きるかなしみ」と真摯に直面し、人生の幅と厚みを増した先人達の諸相を読む。

老いの生きかた　鶴見俊輔編

限られた時間の中で、いかに充実した人生を過ごすかを探る十八篇の名文。来るべき日にむけて考えるヒントになるエッセイ集。

人生の教科書「よのなかのルール」　藤原和博

"バカを伝染（うつ）さない"ための「成熟社会へのパスポート」です。大人と子ども、お金と仕事、男と女と自殺のルールを考える。(重松清)

14歳からの社会学　宮台真司

「社会を分析する専門家」である著者が、社会の「本当のこと」を伝え、いかに生きるべきかに正面から答えた。重松清、大道珠貴との対談を新たに付す。

逃走論　浅田彰

パラノ人間からスキゾ人間へ、住む文明から逃げる文明への大転換の中で、軽やかに〈知〉と戯れるためのマニュアル。

学校って何だろう　苅谷剛彦

「なぜ勉強しなければいけないの？」『校則って必要なの？』等、これまでの常識を問いなおし、学ぶ意味を再び摑むための基本図書。

生き延びるためのラカン　斎藤環

幻想と現実が接近しているこの世界で、できるだけリアルに生き延びるためのラカン解説書にして精神分析入門書。カバー絵・荒木飛呂彦 (中島義道)

反社会学講座　パオロ・マッツァリーノ

恣意的な発想で人に説教する困った学問「社会学」の暴走をエンターテイメントな議論で撃つ！ 真の啓蒙は笑いから。(小山内美江子)

「社会を変える」を仕事にする　駒崎弘樹

元ITベンチャー経営者が東京の下町で始めた「病児保育サービス」が全国に拡大。「地域を変える」が「世の中を変える」につながった。

半農半Xという生き方【決定版】

塩見直紀

農業をやりつつ好きなことをする「半農半X」を提唱した画期的な本。就職以外の生き方、転職、移住後の生き方として。帯文＝藻谷浩介

レトリックと詭弁

香西秀信

「沈黙を強いる問い」「論点のすり替え」など、議論に仕掛けられた巧妙な罠に陥ることなく、詭弁に打ち勝つ方法を伝授する。

人生を〈半分〉降りる

中島義道

哲学的に生きるには〈半隠遁〉というスタイルを貫くしかなくて、「清貧」とは異なるその意味と方法を、自身の体験を素材に解き明かす。

ひとはなぜ服を着るのか

鷲田清一

ファッションやモードを素材として、アイデンティティや自分らしさの問題を現象学的視線で分析する。「鷲田ファッション学」のスタンダード・テキスト。（中野翠）

パーソナリティ障害がわかる本

岡田尊司

性格は変えられる。「パーソナリティ障害」を「個性」に変えるために、本人や周囲の人がどう対応したらよいかがわかる。（山登敬之）

ひきこもりはなぜ「治る」のか？

斎藤環

「ひきこもり」研究の第一人者の著者が、ラカン、コフート等の精神分析理論でひきこもる人の精神病理を読み解き、家族の対応法を解説する。（井出草平）

子は親を救うために「心の病」になる

髙橋和巳

子は親が好きだからこそ「心の病」になり、親を救おうとしている。精神科医である著者が説く、親子という「生きづらさ」の原点からの解決法。

減速して自由に生きる

髙坂勝

自分の時間もなく働く人生よりも自分の店を持ち人と交流したいと開店。具体的なコツと、独立した生き方。一章分加筆。帯文＝村上龍

花の命はノー・フューチャー

ブレイディみかこ

移民、パンク、LGBT、貧困層。地べたから見た英国社会をスカッとした笑いとともに描く。200頁分の大幅増補！ 帯文＝佐藤亜紀

ライフワークの思想

外山滋比古

自分だけの時間を作ることは一番の精神的肥料になる──。前進だけが人生ではない。時間を生かしてライフワークの花を咲かせる貴重な提案。

品切れの際はご容赦ください

書名	著者	内容
解剖学教室へようこそ	養老孟司	解剖するとは何が「わかる」のか。動かぬ肉体という具体から、どこまで思考が拡がるのか。養老ヒト学の原点を示す記念碑的一冊。──南直哉
考えるヒト	養老孟司	意識の本質とは何か。私たちはそれを知ることができるのか。脳と心の関係を探り、無意識に目を向ける。自分の頭で考えるための入門書。──玄侑宗久
身近な雑草の愉快な生きかた	稲垣栄洋・三上修・画	名もなき草たちの暮らしぶりと残り戦術を愛情とユーモアに満ちた視線で観察、紹介したエッセイ。繊細なイラストも魅力。──宮田珠己
身近な虫たちの華麗な生きかた	稲垣栄洋・小堀文彦・画	地べたを這いながらも、いつか華麗に変身することを夢見てしたたかに生きる身近な虫たちを精緻で美しいイラスト多数。──小池昌代
クマにあったらどうするか	姉崎等 片山龍峯	「クマは師匠」と語り遺した狩人が、アイヌ民族の知恵と自身の経験から導き出した実践クマ対処法。クマと人間の共存する形が見えてくる。──遠藤ケイ
木の教え	塩野米松	かつて日本人は木と共に生き、木に学んだ教訓を受け継いできた。効率主義に囚われた現代にこそ生かしたい「木の教え」を紹介。──丹羽宇一郎
脳はなぜ「心」を作ったのか	前野隆司	「意識」とは何か。どこまでが「私」なのか。死んだらどうなるのか。ロボット工学者が科学的に明らかにする話題の本の文庫化。──「意識」と「心」の謎に挑んだ話題の本の文庫化。
錯覚する脳	前野隆司	「意識のクオリア」も五感も、すべては脳が作り上げた錯覚だった!ロボット工学者が科学的に明らかにする衝撃の結論を信じられますか。──武藤浩史
へんな毒 すごい毒 増補	田中真知	フグ、キノコ、火山ガス、細菌、麻薬……自然界にあふれる毒の世界。その作用の仕組みから解毒法、さらには毒にまつわる事件なども交えて案内する。
ニセ科学を10倍楽しむ本	山本弘	「血液型性格診断」「ゲーム脳」など世間に広がるニセ科学。人気SF作家が会話形式でわかりやすく教える、だまされないための科学リテラシー入門。

いのちと放射能	柳澤桂子	放射性物質による汚染の怖さ。癌や突然変異が引き起こされる仕組みをわかりやすく解説し、命を引き継ぐ私たちの自覚を問う。
熊を殺すと雨が降る	遠藤ケイ	山で生きるには、自然についての知識を謙虚に見極めねばならない。山村に暮らす人びとの生業、狩法、川漁を克明に描く。
ダダダダ菜園記	伊藤 礼	畑づくりの苦労、楽しさを、滋味とユーモア溢れる文章で描く。自宅の食堂から見える庭いっぱいの農場で"伊藤式農法"確立を目指す(宮田珠己)
哺育器の中の大人[精神分析講義]	伊丹十三	愛や生きがい、子育てや男(女)らしさなど具体的な問題について対話し、幻想・無意識・自我など精神分析の基本を分かりやすく解き明かす。(春日武彦)
こころの医者のフィールド・ノート	中沢正夫	こころの病に倒れた人と一緒に悲しみ、怒り、闘う医師がいる。病ではなく"人"のぬくもりをしみじみと描く感銘深い作品。(沢野ひとし)
本番に強くなる	白石 豊	メンタルコーチである著者が、禅やヨーガの方法をとりいれつつ、強い心の作り方を解説する。「ここ一番」で力が出ないというあなたに!(天外伺朗)
自分を支える心の技法	名越康文	対人関係につきものの怒りに気づき、「我慢する」のでなく、消すことをどう続けていくか。人気精神科医からのアドバイス。長いあとがきも。
加害者は変われるか?	信田さよ子	家庭という"密室"で、DVや虐待は起きる。「普通の人」がなぜ。加害者を正面から見つめ分析し、再発を防ぐ考察につなげた、初めての本。
人生の教科書[人間関係]	藤原和博	人間関係で一番大切なことは、相手に「!」を感じてもらうことだ。そのために、すぐに使えるヒントが詰まった一冊。(茂木健一郎)
バナナの皮はなぜすべるのか?	黒木夏美	定番ギャグ「バナナの皮すべり」はどのように生まれたのか? マンガ、映画、文学……あらゆるメディアを調べつくす。(パオロ・マッツァリーノ)

品切れの際はご容赦ください

書名	訳者・編者	内容
猫語の教科書	ポール・ギャリコ 灰島かり訳	ある日、編集者の許に不思議な原稿が届けられた。それはなんと、猫が書いた猫のための「人間のしつけ方」の教科書だった……!?（大島弓子）
ムーミン谷のひみつ	冨原眞弓	子どもにも大人にも熱烈なファンが多いムーミン。その魅力の源泉を登場人物に即して丹念に掘り起こす、とっておきのガイドブック。イラスト多数。
ムーミンを読む	冨原眞弓	ムーミン物語の第一人者が一巻ごとに丁寧に語る、ムーミン物語の魅力。徐々に明らかになるムーミン一家の過去や仲間たち。ファン必読の入門書。
グリム童話（上・下）	池内紀訳	「赤ずきん」「狼と七ひきの子やぎ」「いばら姫」「白雪姫」等おなじみのお話と、新訳「コルベス氏」「すすみれ悪魔の弟」等を、ひと味違う新鮮でキビのよい訳で贈る。（楠田枝里子）
不思議の国のアリス	ルイス・キャロル 柳瀬尚紀訳	おなじみキャロルの傑作。子どもにもおとなにも、ことばと遊びを含んだ、透明感のある物語を原作の香気そのままに日本語に翻訳。
アーサー王の死 中世文学集 I	T・マロリー 厨川文夫／圭子編訳	イギリスの伝説の英雄・アーサー王とその円卓の騎士団の活躍ものがたり。厖大な原典を最もうまく編集したキャクストン版で贈る。（厨川文夫）
アーサー王ロマンス	井村君江	アーサー王と円卓の騎士たちの謎に満ちた物語。戦いと愛と聖なるものを主題にくり広げられる一大英雄ロマンスの、エッセンスを集めた一冊。
ケルト妖精物語	W・B・イエイツ編 井村君江編訳	群れなす妖精もいれば一人暮らしの妖精もいる。不思議な世界の住人達がいきいきと甦る。イエイツが贈るアイルランドの妖精譚の数々。
ケルトの神話	井村君江	古代ヨーロッパの先住民族ケルト人が伝え残した幻想的な神話の数々。目に見えない世界を信じ、妖精たちと交流するふしぎな民族の源をたどる。（井辻朱美）
炎の戦士クーフリン／ 黄金の騎士フィン・マックール	ローズマリー・サトクリフ 灰島かり／金原瑞人／ 久慈美貴訳	神々と妖精が生きていた時代の物語。かつてエリンと言われた古アイルランドを舞台に、ケルトの源をなす名高いふたりの英雄譚を1冊に。

星の王子さま	サン゠テグジュペリ 石井洋二郎訳	飛行士と不思議な男の子。きよらかな二つの魂の出会いをする透明な悲しみとおる、最高度に明快な新訳でおくる。住の心にしみとおる、最高度に明快な新訳でおくる。住
星の王子さま、禅を語る	重松宗育	『星の王子さま』には、禅の本質が描かれている。住職でアメリカ文学者でもある著者が、難解な禅の哲学を指南するユニークな入門書。
クラウド・コレクター《手帖版》	クラフト・エヴィング商會	得体の知れない機械、奇妙な譜面や小箱、酒の空壜……。不思議な国アゾットへの驚くべき旅行記。単行本版に加筆、イラスト満載の〈手帖版〉。
ないもの、あります	クラフト・エヴィング商會	堪忍袋の緒、舌鼓、大風呂敷……よく耳にしますが、一度として現物を見たことがない物たちを取り寄せてお届けする。文庫化にあたり新商品を追加。
生きることの意味	高 史明	さまざまな衝突の中で死を考えるようになった一朝鮮人少年。彼をささえた人間のやさしさを通して生きる意味を考える。
まちがったっていいじゃないか	森 毅	人間、ヘマもした方が才能だ! まちがったらやり直せばいい。少年のころを振り返り、若い読者に肩の力をぬかせてくれる人生論。〈赤木かん子〉
君たちの生きる社会	伊東光晴	なぜ金持ちや貧乏人がいるのか。エネルギーや食糧問題をどう考えるか。複雑になった社会の仕組みや動きをもう一度捉えなおす必要がありそうだ。
友だちは無駄である	佐野洋子	でもその無駄がいいのよ。つまらないことや無駄なことって、たくさんあればあるほど魅力的なのよね。一味違った友情論。〈亀和田武〉
心の底をのぞいたら	なだいなだ	つかまえどころのない自分の心。知りたくてたまらない他人の心。謎に満ちた心の中を探検し、無意識の世界へ誘う心の名著。〈香山リカ〉
自分のなかに歴史をよむ	阿部謹也	キリスト教に彩られたヨーロッパ中世社会の研究で知られる著者が、その学問的来歴をたどり直すことを通して描く〈歴史学入門〉。〈山内進〉

品切れの際はご容赦ください

買えない味2　はっとする味

二〇一三年十月十日　第一刷発行
二〇一八年十月五日　第三刷発行

著　者　平松洋子（ひらまつ・ようこ）
発行者　喜入冬子
発行所　株式会社筑摩書房
　　　　東京都台東区蔵前二―五―三　〒一一一―八七五五
　　　　電話番号　〇三―五六八七―二六〇一（代表）
装幀者　安野光雅
印刷所　株式会社精興社
製本所　株式会社積信堂

乱丁・落丁本の場合は、送料小社負担でお取り替えいたします。
本書をコピー、スキャニング等の方法により無許諾で複製する
ことは、法令に規定された場合を除いて禁止されています。請
負業者等の第三者によるデジタル化は一切認められていません
ので、ご注意ください。
© YOKO HIRAMATSU 2013 Printed in Japan
ISBN978-4-480-43105-9　C0195